石川 勇太
Yuta Ishikawa

将来が見えない時代に

僕たちはどう生きるか

30歳で27億円企業をつくった僕の未来戦略

産業能率大学出版部

はじめに

今の時代、悩みのない人はいないでしょう。

お金、仕事、人間関係、親兄弟、子育て、健康、結婚・離婚……。挙げればキリがありません。

世の中は「悩み」だらけ。ひとつ解決したらまた新たな悩みが発生し、いつまでたっても悩みから解放されることはありません。

なぜ、常に「悩み」を退治できず、追いかけられっぱなしなのか？

単純な話で「悩み」の本質を見極められていないからです。

お金、仕事、人間関係その他諸々、多くの人が「悩み」と思っていることは実は表層的なことでしかありません。要するに悩みの核にあるのは「生き方への迷い」。ここを解決しないまま、お金だ仕事だと駆けずり回っても幸せを手に入れることはできないのです。

でも、なぜ生き方に迷うのでしょう？

答えは簡単。「自分の幸せの定義」が決まっていないから。

世の中の99パーセントの人は生き方に迷っています。巷《ちまた》にあふれる膨大な情報によって常に自分の思考が揺さぶられる、そんな時代に僕たちは生きています。確固たる自分がなければ「迷い」に搦《から》め捕られてしまう時代なのです。

SNSでは世界中の人が「映える自分」を発信しています。「自分の幸せ」の軸がぐらついていると、きらびやかな画像と「いいね」の数に一発でやられ「ちょっと待て、これが自分が欲しい幸せかも？」と、立ち止まって考える暇がありません。

派手な世界観に当てられクラクラする頭で「いい車を買うぞ」「ブランド限定バッグをゲットしないと」「とにかく転職だ」……。スマホの画面をスワイプするたびに「なりたい・やりたい・欲しい」が、瞬時に変わっていきます。

「自分の幸せ」の定義が決まっていれば、SNSの情報にも、リアルな友人知人の様子にも、気持ちがグラつくことはありません。

では、「幸せ」とは何でしょうか？

僕は幸せとは「選び」だと思っています。

自らの境遇を「幸せ」とするのは、他でもないあなた自身が決定すること。「幸せ」「不幸せ」は、自分で選び取るものなのです。「いいね」の数もフォロワーの数も関係ありません。今、あなたが幸せか不幸せか。どちらを選ぶかはあなた次第なのです。

客観的に見てたいへん恵まれているのに、当の本人が「あの人はもっと持っている、自分にはこれが足りない」と、わざわざ不幸せを選んでいることもあります。

納豆ご飯しか食べられない状況でも「お腹いっぱいだ」と、しみじみ幸福を感じる人もいます。

両者の違いは「他人と自分を比較するかどうか」。常に「誰か」と自分を比較するということは、結局のところ「誰かの物差し」で自分の幸せを決めているのと同じです。

僕自身も、かつては人と自分を比較し、勝った負けたと一喜一憂していました。自分はもっと持っている。自分はあの人と比べて全然持っていない、と。その頃の僕は、誰かと自分を比較することで受ける刺激にどっぷり浸かっていたとしか言えません。「誰かと自分を比較する」誘惑に駆られ、競ったり、羨《うらや》んだり、妬《ねた》んだりを続けていたのです。

とか言いながら、今でもときどき「比較」の誘惑におちいるときがあります。すごすぎる人に出会うと、憧れたり羨ましく思ったり尊敬しすぎて気後れしたり。決してネガティブな感情ではありませんが、それでも「比較」から発生している感情であることは事実。「比較」由来の感情を自分の中に見つけたら、すぐに修正するようにしています。だから、僕は今、自由で幸せです。

前作の『「年収」を激変させたいなら、「食事」を変えなさい』（JMC）はおかげ様でたいへんご好評をいただいたのですが、ビジネス仲間や編集者の方から「もう少し生き方に寄った本を出したらどうか」「石川勇太の成功哲学を知りたい人は多いはず」との提案がありました。ありがたいお言葉でしたが、本の執筆は本当にエネルギーが必要です。常に複数のプロジェクトを抱えている状態ではとてもとても。

それが、そそのかされて煽られて……というのは冗談で、「絶対、必要としている人がいるぞ」という一言で腹をくくりました。

自分の腹の内をさらすのは照れ臭い。でも、生き方に悩んでいる人の迷いを吹っ切る小さなきっかけのひとつになるのなら、そんな可能性が少しでもあるのなら、僕は喜んで謗《そし》りも受けるし恥もかきます。だから、書くと決めました。

迷いの中で人生を終えてほしくない。あなたの人生はあなたの手の内にある。自由も幸せも、あなたが自分で選べると知ってほしい。

34歳の僕が自由と幸せを実感できるのは、僕なりの幸せの基準——無形資産の存在——に気づいたからです。そこに至るまでのプロセスを1章（30代の僕が「無形資産が本当の資産」と気づくまで）でお伝えします。2章以降では、仕事や自分、そして家族と、僕にとってかけがえのない無形資産を紹介していきます。

本書があなたの「無形資産」づくりのお手伝いになりますように。

そして、「幸せ」を選べるあなたになりますように。

そんな願いを込めて。

石川勇太

CHAPTER 1

時価総額27億円創業社長が「無形資産が本当の資産」と気づくまで

第1章

時価総額27億円創業社長が「無形資産が本当の資産」と気づくまで

不安な情報ばかりがあふれる世の中。
そんな不安を跳ね返せない自分。
世間に通用する実績も肩書きも「ゼロ」だった僕が、
自分を信じる力を持てたとき、世界が変わった。

1 景気のよさそうな著者が、金儲けを語らない本

僕のプロフィールには、「4社のオーナー」「時価総額27億円企業」と派手な文言が踊っています。

「何か景気よさそうな著者だな。ということは金儲けのヒントがある本か？」と、期待して手に取ってくださった方、すみません。

有望株はどの銘柄か、外国で不動産投資するならどこがよいのかといった「金儲け情報」は一切ありません。

この本は、金儲けの本ではありませんが、「資産づくり」の本ではあります。

資産は資産でも、お金や不動産といった「有形資産」ではなく、目に見えない「無形資産」についてお話ししています。

端から見て「景気よさそうな著者」に見える僕は、「どうやったら儲けられるの？」というストレートな質問をしょっちゅうされますが、いつも答えに困っていました。

僕なんかよりも数段上のレベルの年収の人、資産を持つ人はゴロゴロいるので、「儲けてるといえば儲けてるかもしれないけど……」と、歯切れが悪くなってしまうのです。

逆に、なんで儲けたいの？　と聞きたくなってしまいます。

でも実は、儲けたい理由は、皆さん同じ。

「幸せになりたいから」

でも、お金がたくさんあっても幸せになれるとは限りません。

それに、お金は不思議なもので、追いかけるとなかなかつかまえられないのです。

どうやったら儲けられるのかを伝えるのは難しいのですが、ひとつ言えるのは、「お金儲けは、お金を目的としていたら上手くいかない」ということです。

「変わりたい」気持ちに真剣に応えたい

僕は年間数十回のセミナーや講演会、コンサルティングをしています。

極少人数のプライベートなものから数千人規模の大人数のこともあり、テーマもさまざまです。

予防医療をビジネス展開するときの心構えのときもあれば、過去が足かせになって走り出せない人のトラウマを溶かすこともします。

法人向けには社員の意識向上のための言葉がけや仕組みづくりを管理職の方にレクチャーする一方、社員の「くすぶり」の理由を探し出すことだってあります。

立場や年齢も異なる大勢の方々ですが、皆さんの「変わりたい」「変わるんだ」という真剣な思いには、いつも心を揺さぶられる僕です。


たかだか30代の僕ですが、挫折や失敗の経験だけは豊富です。

悔し涙もいっぱい流してきました。

自分はもうダメだと、何度も諦めかけました。

絶対に戻りたくない過去もあります。

自分の人生を必死で変えた僕だから、皆さんの「変わりたい」気持ちを真剣に応援したいのかもしれません。


変わりたいあなたへ。


まずは、この本で、有形資産から無形資産へと意識をシフトしていきましょう。

有形資産ではなく無形資産を生き方の核に据えることで、人は驚くほど簡単に幸せになれるのです。

2 環境に左右されない「資産」をつくる

皆さんは「資産」を持っていますか？

長らく経済が低迷し、浮き上がる兆しも見えないこの日本では、「資産」をつくり蓄えることが将来への安心につながると考えられています。

僕もその考えは賛成。

では「あなたが持っている資産」「これからつくりたい資産」について教えてください。

貯金や投資などの金融資産？

それとも土地や家屋の不動産？

ほとんどの人が、いわゆる「有形資産」を挙げるのではないでしょうか。

「消え物の資産」をアテにするリスク

もちろん有形資産は立派な「資産」です。

でも、常に価値が激変する可能性をはらんだ資産でもあります。

ご存じですよね、1990年代の日本でのバブル崩壊で株価や地価は暴落したことを。

そして、世界中に金融危機が広がった2008年のリーマンショック。リーマン・ブラザーズの経営破綻が引き金となった世界的不況の影響はすさまじく、日本の株価の下がり具合はバブル崩壊時を凌ぐほどでした。

政治や経済という社会環境はもちろん、巷にはびこるコネや忖度など、自分ではコントロールできないもろもろの影響を、有形資産はどうしても受けてしまいます。

とはいえ悪いことばかりではありません。

打つ手がないアンラッキーに見舞われるリスクがある半面、棚ボタで価値が上がるラッキーだってあります。

ただ、ちょっと危うい。

自分の手の中にあるようでいて、そうではないような。
それが「有形資産」の正体なのです。

だからといって、僕は「価値が不安定な有形資産は不要！」などと述べるあやしい陰謀論者のような全否定はしません。
有形資産は必要。これは当然のこと。
けれども有形資産だけでは、正直あなたの暮らしや未来を守ることは難しい。

「有形資産」は、自分ではコントロールできない事柄で価値が変動してしまいます。
がんばってもがんばっても、あなたの努力では、どうにもならないときがあるのです。

これが有形資産。

一方、経済や時代がどれだけ変化しようとも、揺らぐことなく、なおかつ自分自身でコントロールできる「資産」があります。

それが「無形資産」です。

30歳そこその僕が、時価総額27億円企業をつくることができたのは「無形資産」があったからです。

これからの僕を守り、支えてくれるのも「無形資産」でしょう。

さらにお伝えすると、

「有形資産」をつくりたいなら、まず「無形資産」を蓄えることです。

僕が積み上げてきた無形資産は次の3つです。

ミッション、自分、そして家族。

「自分」と「家族」はすんなり入ってきても、「ミッション」は「?」ですよね。

一般的に、ミッションとは組織が社会に対して果たすべき「使命」のことを意味します。

ここで言う「ミッション」にはもっと幅広い意味を込めました。

「社会に貢献できる仕事をすること」

これが僕が掲げるミッションです。

僕のミッションの核には「仕事」があります。それも自分のための仕事ではなく、「人のため、社会のため」の仕事であることを課しています。

ミッションは2章、自分は3章、家族は4章で、それぞれ僕の考えや思いを語っていきます。

3つの無形資産があれば人生は大丈夫。

この確信に至るまでに、本当にいろんなことがありすぎました。

本章では、これまでの僕の人生の道のりをお話しします。

3 高卒で新聞勧誘員へ
～毎日、300人から300回の特大拒絶

僕が高校卒業後に初めて就いた仕事は「新聞勧誘員」でした。

業務内容で選んだわけでも、福利厚生で選んだわけでもありません。

要は「お金」。

手っ取り早く大金を稼ぐために選んだ仕事でした。

なぜ大金が必要だったかというと、僕には「高校を卒業したらブラジルでサッカー選手になる！」という夢があったから。

渡航費用や滞在費など、まとまったお金を超短期間でつくりたかったのです。

ブラジル行きに必要な額として、当時の僕が目標設定したのは１００万円。

高校を卒業したばかりの僕にとっては大金です。

トレーニングやゲームから離れている時間が長くなればデメリットしかありませんから、とにかく急いでお金をつくらなくてはいけないと焦っていました。

そして見つけたのです。

求人情報誌で、なんとも魅力的であやしいこのコピーを。

誰でも月収１００万円！

――ここで働けば１か月で１００万円が手に入るの⁉

――これはまさに俺のための仕事じゃないか！

すぐに電話をして面接の予約をし、面接、即採用。
トントン拍子に「月収１００万円の」仕事が決まったのです。
順調な滑り出しに「もしかして、再来月にはブラジルでプレーしてるのかも、俺」と、
面接の帰り道ではすっかりハイテンション。

でも、その希望はあっという間に打ち砕かれることになります。

ワケアリ集団の中に飛び込んだヒヨッコ

当時の新聞業界は、今とかなり様子が違っていました。
「エリートがつくってヤクザが売る」とネタになるほど、「勧誘員」の仕事は独特な世界だったのです。

確かにクセの強い人ばかりの職場でした。

いわゆる「ワケアリ」です。

事務所内でひっきりなしにタバコを吸ってはあたりかまわず灰を落とす人、歯がボロボロの人、やたらと怒鳴りまくる人、派手な刺青をチラチラ見せてくる人、指がない人、突然音信不通になって消えていった人……。

事務所はいつもカオスでした。

つい先日まで高校生だった僕など、彼らからするとヒヨッコもヒヨッコ。

そのヒヨッコが「ブラジルでサッカー選手になるという資金づくりのためにこの仕事を選びました」などと、突拍子もない「夢」を大真面目に語ったところで「おう、がんばれよ」などと温かい言葉をかけてくれるはずもなく。

ことあるごとにちょっかいを出され、からかわれ、バカにされ、まあだいぶメンタルを削られ……、いや本当鍛えてもらいました。

突拍子がない目標だろうが青臭い考えだろうが、僕は僕の夢を真剣に考えていました。

実現に向けて心の底から本気でした。

でも、夢を掲げることを嗤《わら》う人もいるのです。

がんばっている人間を見つけると、攻撃して引きずり降ろそうとする人もいるのです。

他人の可能性や才能を憎む人もいるのです。

あの頃の僕は本当に世間知らずでした。

ワケアリの人が集まる業界だとは夢にも思わず、仕事内容すらよく把握していませんでした。

求人広告の「誰でも月収100万円！」のコピーを完全に信じ切っていた僕は、意気揚々と実家を出て、家賃4万円の風呂なしアパートで、一人暮らし&社会人生活をスタートさせました。

隣のテレビの音や夫婦喧嘩の声、酔っ払って大爆笑している同僚の声などがまる聞こえで、ゴキブリ続出の居心地最悪の安アパートです。

でも、どうせ1、2か月の「仮の住処《すみか》」と開き直って、新聞勧誘員として働き始めました。

月収100万円どころか……

新聞勧誘員の仕事は、その日に勧誘をかける地域の住宅地図を受け取ることから始まります。

決められたエリアで、地図を片手に一軒一軒チャイムを鳴らして回ります。

当時の僕は一日に300軒を訪問することを自分に課していました。

今、改めて書いていると、この「300軒」という数字には圧倒されます。よくやってたな自分、と。

それだけ回ればバンバン契約が取れて、月収100万円も軽くクリアできそうなものですが…、契約は1本も取れなかったのです。

完全出来高制のその仕事で、1本も契約が取れない日が何日も続きました。

――これはヤバい、そうとうヤバいぞ。ブラジル資金どころか家賃も電気代も水道代も払えないのじゃないか。

厳しすぎる現実にブチ当たるのにそう時間はかかりませんでした。

月収100万円なんか夢のまた夢。

——こんなんだったら、コンビニバイトのほうがよっぽど稼げるじゃん。

失敗した。選択ミスだった。心の底から後悔しました。


当時の僕の名誉のためにいうと、僕は本当に真剣に100%全力でやっていました。

雨の日も風の日も猛暑日だって、もっと言えば台風の日だってとにかく300軒のチャイムを押し続けました。

一軒でも多く回ろうと、休憩時間も惜しんで歩き続けたのです。


でも……。


全く契約にこぎつけられません。

ドアすら開けてもらえません。

ドア越しに子供のはしゃぎ声、大人の笑い声が僕にはしっかり聞こえているのに、家の中の人には僕が鳴らすチャイムの音は全く届いていないかのようでした。

運よくドアを開けてもらっても、たったの10秒ですら話を聞いてもらえません。目の前で乱暴に「結構ですから！」とドアを閉められるのなんかは、まだいいほうです。ドアが開いた途端に「うるせえなお前は！」「馬鹿野郎！」「帰れ帰れ！」と、暴言を吐かれることもしょっちゅうでした。

「うるさい」と言われるほどしゃべらせてもらっていないので、単に怒鳴るためだけに、怒鳴りたいから、ドアを開けたのではないかと疑ったほどです。

仕事のためにせっかく準備したシャツが塩まみれになったこともあります。

厄介者を追い払うときに「塩でもまいとけ」と言いますよね。ドラマなんかでの話だと思っていたら、世の中には本当の本当に塩をまく人がいるんです。いやいました（笑）。あの仕事で思い知りました。

一日に３００軒のチャイムを鳴らし、そのたびにイヤな目に遭いました。それでも３００軒を回ることはやめませんでした。

――いつか、誰かが認めてくれて、きっと契約してくれるはず。

でも、誰も僕から新聞を取ってくれません。

その日、出会った300人の誰一人として僕をまともに扱ってくれないのです。
僕は、毎日毎日、一日300人から「ノー」と拒絶され続けました。
面と向かって。ときには乱暴な言葉や態度も込みで。

わざわざ塩までまいて。

僕のことをほんの少しでも知っている人たちではありません。
たった一瞬、ドアのすき間から顔を見ただけ。
接点はほんの数秒です。

——俺が否定されたわけではない。
——新聞に興味がないだけ。
——忙しい時間だったんだ、間が悪かっただけだ。
——別に本当に俺のことが嫌いということではないもんね？

いろんな言葉で自分を慰めました。
1回や2回なら慰めの言葉も出てきます。
でも、毎日、300人から300回の「ノー」を突きつけられてみるとどうでしょう……。

慰めの言葉を300も持ち合わせてはいません。

僕の自尊心はすっかりズタボロになりました。

契約もゼロ、収入もゼロ、夢もすり切れていって…

一日中、へとへとになるまで歩き回っても契約はゼロ、ゼロ、ゼロ。
運よく契約にこぎつけることもあるものの、僕の初月給は7万円でした。1日1000円の保証金（最初の1ヶ月だけ発生）がなければ家賃も払えません
完全な極貧生活です。

夜遅くに値引きされたオリジン弁当を買って、ひとりアパートで食べていました。腹が膨れて寝落ちしそうになるのを踏ん張って「清潔感は営業の基本だから」と、徒歩数分のシャワールームへ向かうのですが、これもまた苦行でした。

シャワーで少し気持ちがサッパリしても、帰り道で体が芯から冷えてしまうのです。すっかり湯冷めした体で冷たい布団に潜りこんだところで、寝返りを繰り返すばかりでなかなか眠れません。

――明日も契約は取れないんだろうな。

――ブラジルにはいつ行けるんだろう。っていうか、もう無理な気がしてきた。

――一生ずっとこの暮らしから抜けられないのかな、俺。

――俺は一生貧乏なのかも。

お金も、やりがいも、喜びも、何ひとつ持てずに、夢すら手放そうとしていた高校卒業したての「19歳の僕」でした。

僕はもう少しで自分の「人生」を諦めるところだった。

あの頃の僕は、人生を投げ捨ててしまいそうなギリギリのところにいたのです。

日本中にいる「諦めかけている人」へ

30を過ぎた僕は、勧誘員時代とは全く違う世界に生きています。
でも、勧誘員時代に抱えていた焦りや不安は今もはっきりと思い出すことができます。
諦めに飲み込まれそうになる精神状態もよく知っています。

現実に打ちのめされて夢を手放しかけている。
人生に疲れ切って投げやりな気持ちになっている。
自分に自信が持てず、チャレンジしたいのに踏み出せない。
全部、かつての僕です。

どん底を知っている僕だからこそ言える。

諦めるのは、まだ早い。

僕は、ある日、突然、覚醒したのではありません。

宝くじのような幸運を引き当てたのでもありません。

僕は、全く普通の家庭で育ちました。

飛び抜けた才能や能力があるわけでもなく、小中高と「中の中」の成績だった僕です。

強力なコネや財力もないし、勘がいいとかセンスがあるとか、そんな強みもありませんでした。

僕ができたのは愚直に、諦めずに、ひたすら夢を追い続けることだけだったのです。

夢を追う、必死で夢を追う。そして夢をひとつ叶えたら、次の夢に向けてまた走り出す。

叶えた夢が増えるほどに、僕自身も変化してきました。

僕の中に目に見えない「無形資産」が蓄積されていったのです。

実際に目に見える現金や不動産、貴金属といった「有形資産」のほうが、「財産を所有している」という〝実感値〟は高いものです。

だからどうしても有形資産のほうに意識が向きがちですが、「無形資産」を蓄えるうちに、自然と有形資産も積み上がっていきます。

反対に、有形資産にばかりこだわって必死になっていると、無形資産はなかなか充実しません。

無形資産に集中して、丁寧に誠実に手をかければ、必ず人生は上向きになります。

一緒に、あなたの無形資産をより確かなものにしていきましょう。

あなたが、あなた自身の人生のハンドルをしっかりと握り、望む道を進んでいけるように。

4 「コンプレックス」と「焦り」から抜け出せなかった小中高時代

僕は4人兄弟の三番目です。体を動かすのが大好きな子供でした。

ただ、兄が非常に優秀で、学校の成績では全く歯が立ちません。

当時、兄は偏差値70超えの高校に合格。学校や近所でも評判の秀才で、僕は何かと比較されました。

得意のサッカーで活躍しても偏差値70のインパクトにはかき消されてしまい、子供の頃のことですが、この苦い感情は今も鮮明に思い出せます。

――誰も俺を認めてくれない。

がんばっているのに、真面目にやっているのに、誰も自分を評価してくれません。そのうち、「たいしたことないヤツ」と見なされて雑な扱いをされてしまうのですが、これは本当に辛いことでした。

実社会でもよくある流れだと思います。

それなりの扱いをしてもらうためには地道に実績を積んでいくしかないのですが、評価を急いだ僕は「デカい声でデカいことを言う」ようになりました。

完全な悪手です。

当然、実現などできません。

周囲からの評価はますます悪くなり、僕のコンプレックスも大きくなるだけでした。

「口先だけのヤツ」

「信用できないヤツ」

それが小中高と僕に対する周囲の評価です。

当時の僕はそんな評価をひっくり返す方法がわからなくて、空回りばかりしていました。

結果的に苦しい悪循環に陥って自信もしぼんでいくばかりです。

――もしかして、俺って周囲が言うように口だけで何も実現できない人間なのかな……。

コンプレックスと焦りで自信喪失し、自分で自分を見限ってしまいそうでした。

そんな僕の支えが「サッカー」だったのです。

「お前には無理」という言葉

野球やサッカーなど「プロ」があるスポーツに取り組むと、子供たちはプロになることを夢見るものです。

僕もそうでした。ただ、普通とちょっと違ったのは、サッカーの本場である「ブラジルで」

というところ。

「ブラジル」を意識したのは中学三年生のとき。三浦知良選手がCMで発した「夢は叶う」というメッセージに打たれて、「泥臭く厳しい環境でプレーしたい。将来はブラジルでプロサッカー選手になる！」と、決意したのでした。


高校三年生になっても僕の決意は変わりませんでした。本気でブラジルでサッカーで食っていくつもりだったのです。

三者面談で担任の先生に進路を聞かれたときも「ブラジルでサッカー選手になります！」と、高らかに宣言して先生と母親を絶句させたものです。


高校三年生の僕の「決意」を、先生はもちろん親兄弟も全く本気にしませんでした。

高校時代、無名選手だった僕の「決意」を、チームメイトも友人も肯定はしてくれませんでした。

応援してくれる人は皆無。

笑ったり、バカにしたり、最後にはお決まりの台詞です。

「お前なんかにできるわけないだろうが（笑）」

いろんな人から、この言葉を投げつけられました。

吐き捨てるように、あざ笑うように。

例え冗談っぽく言われても、心をえぐるような破壊力があります。

「俺には無理なのかな」と、弱気に流されてしまいそうになります。

ネガティブな声ほど大きい

「お前にできるわけないだろ」と、さんざんバカにされた「ブラジルでプロサッカー選手になる夢」を、20歳のときに僕は叶えました。

しかも、「契約ゼロ」でズタボロだった新聞勧誘員の仕事で、1か月で109万円というトップセールスの記録を叩き出し、そのお金でブラジルに渡りました。

トップセールスマンになれたのは、ある恩人の存在があったからです（恩人のすごさ、恩人との日々は「2章‐4　オリジナリティを追求しすぎると失敗する」に詳しく書いていますのでぜひ読んでください)。

恩人は「お前にできるわけないだろ」とは決して言いませんでした。

僕よりも僕を信じてくれたのです。

だから、彼は恩人なのです。

「お前なんかにできるわけないだろうが」

いろんな場面で、いろんな人から投げかけられることのある言葉です。

この言葉を平気で人に発してしまう人の心理は、僕にはわかりません。

いや、なんとなくわかっているけれど、あえてここで紙幅を割きたくないというのが本音。

さんざん「お前にできるわけないだろ」と言われてきました。今もそう変わりません。

突拍子のないビジネスアイディアや目標をぶち上げては、「そんなことできるわけないだろ」と、しょっちゅうディスられています。

でも、すっかり耐性がついてしまって、そんな言葉でダメージを受けることはありません。

「人の足を引っ張るなんて、満ち足りていないのだな」とスルーできるぐらいに図太くなりました。

ネガティブな声は大きくて鋭く、何よりしつこい。

耐性がついていない人は、ネガティブな声を浴びるうちに「どうせ自分はダメなんだ」「こんなこと無理なんだ」と洗脳されてしまうことがあります。

ネガティブな言葉に流されて、自分を否定しそうになったら、このことを思い出してください。

あなたの人生のステージの主役はあなた。脚本も演出もあなた。

あなたの人生のステージに、彼らを出演させる必要などはない。

エキストラでもない人のネガティブな発言に染まらなくていい。

あなたの可能性を決められるのは「あなた」だけなのだから。

5 「感情」が示す方向に走り続ける

この本は「人生を上向きにする無形資産のつくり方」を伝えるために書くことにしました。

「でも、本当に無形資産で人生がよくなるの？」

「いやあ、有形資産のほうが大事でしょ」

そんな声が聞こえてきそうです。

いくら「僕の実体験に基づいています！」と言ったところで、たかだか30代の僕が人生や仕事について語っても、すんなり聞いてもらえないのではないかと心配です。

そこで、ちょっと現在の僕についてお話させてください。

新聞勧誘員時代は、契約ゼロからスタートし、ゼロ記録を更新していた男です。

携帯電話の料金も滞納するほど金欠だったあの頃。

あれから10年以上が経って、僕は次のような複数の顔を持つようになりました。

元ブラジルプロサッカー選手、元マレーシアプロサッカー選手。

経営者（4社のオーナー。1社は創業3年で評価額27億円をつけていただいています）。

投資家、講演家。

法人個人を対象としたコンサルタント。

ヘルスコーチユニバーシティ講師（ヘルスコーチとは健康サポートに必要な予防医療を学び、それを教える人のことです）。

今年になって起業家・経営者向けの予防医療クリニックのオーナー、米国でのサプリメント開発・販売も加わりました。

そして、父であり夫でもあります。


欲張りですが、もうひとつ真剣に取り組んでいることがあります。

それは「人生を変えたいと願う人を全力で応援する」ということ。

新聞勧誘員時代に毎日300人に拒絶され、ブラジルでサッカー選手になるという夢は家族にも友人にもまともに受け止めてもらえなかった僕は、理解されない悔しさ、悲しさを誰よりも知っているつもりです。

誰にも理解されないようなキツい状況にあっても、悔しさ悲しさをくぐり抜けて、自分自身を諦めないこと。僕は自分を信じることで開ける可能性の大きさを、身をもって体験してきています。

だから、がんばる気持ちを持っている人を、決して笑ったり、否定したりしない。全力で応援すると決めています。

全ての仕事に全力で向き合う

複数の事業を抱える僕は、現在、妻と4人の子供と一緒にマレーシアで暮らしています。移住して早5年が経過しているので、マレーシアでの生活にはすっかり慣れました。ちなみにマレーシアより東京の夏のほうが段違いにキツいです。

そんな強烈な暑さの東京に到着したのは、8月某日の日付が変わる少し前。

翌日は午前中にメディア取材を2本受け、夕方からは某ホテルで500人の参加者、ネット視聴の人を含めると2000人超の方々に、まさにこの本のテーマでもある「無形資産のつくり方」について語り尽くすこと約2時間。

その後の懇親会で、セミナーに欠かさず来てくれる常連さんやご新規さんと熱く語らい、飛行機の最終便で福岡へと移動です。

福岡では、数年来のお付き合いのクライアントへのコンサルティングが朝イチで待っています。四半期の売上が前年比300%と聞いて一安心。気分よく大阪へ移動できました。

大阪では、いよいよオープンを間近に控えた複合ジムの最終確認です。

プロアスリートとして体のメンテナンスに人一倍気を使ってきた僕は、自分自身が納得できる設備やメニューを備えた次世代型トレーニングジムを立ち上げたかったのです。すったもんだがあってマレーシアから緊急帰国したことも一度や二度ではなかったけれど、どうにかここまでこぎつけました。

複合ジムの立ち上げという大きなプロジェクトに、腰が引けたり、空回りしたり、心折れそうになったりしながら、それでも踏ん張ってくれたスタッフたちに感謝です。

労いのつもりで食事に誘ったのですが、スタッフは次々に新しいプロジェクトを語り始めます。会議のような熱気に苦笑しつつ、頼もしい限りだなと。リアルに会う時間はやっぱり貴重です。

大阪で1泊した翌日は昼前に東京へ。

念願だった予防医療、そして若返りに特化したクリニックの開業がいよいよ現実のものとなり、事務スタッフの面接、デザイン事務所との打ち合わせ、役所関連手続きの調整等々が昼食・夕食を挟んで延々と続きます。

怒濤の日本滞在を終え、早朝の便で家族の待つマレーシアへいったん帰国。

いくらメイドさんがサポートしてくれるとはいえ、やんちゃ盛りの3人の男の子と、昨年7月に生まれたばかりの娘の世話は妻一人では過酷すぎます。

仕事の関係で自宅滞在はたった数泊だけれど、それでも家族の顔を見たい、父の顔を見せねばとスケジュールを組みました。

結論。強行軍でもなんでもやっぱり帰ってよかった。

家族は僕に力をくれる。

短い自宅滞在のあとは再び機上の人となって目指すはフロリダです。人々を魅了する青い海と白い砂浜。フロリダは富裕層の別荘地として人気であり、アメリカ屈指の金融街でもあります。まぶしい日差しが差し込む高層ビルの一室で、新プロジェクトの契約を締結しました。

「やりたい仕事」は金で決めない

現在から少し時間を巻き戻してみましょう。

新聞勧誘員で稼いだ資金を手に、単身ブラジルに渡ってプロサッカー選手となった僕は、21歳で引退。大らかでパワフルなブラジルという国を気に入ってはいたのですが、一度日本に戻ります。

プロとして活動できるのは人生のわずかな期間で、引退後の人生のほうがうんと長いのです。

多くのプロ選手は社会経験を積む機会がなく、プロ以外の世界を知りません。

僕はプロになる前に新聞勧誘員の仕事をしてはいましたが、「普通の」社会経験とは言いがたい、かなり特殊な業界であることは前述の通り。

「引退後のセカンドキャリアを設計しないとヤバい」と危機感があった僕は、日本で「自分がやりたいビジネス」をじっくり考えたかった。

株や不動産、急成長のＩＴ業界と、さまざまなジャンルの研究をしました。

感度を上げて、読んで、聞いて、会って、話していくうちに、不思議なことに僕の描く「ビジネス」の姿が変化していきます。

最初、セカンドキャリアの絶対条件は「とにかく儲かること！」でした。

意識は完全に「お金」に向いていたのです。

――新聞勧誘員時代のどん底生活には、二度と戻りたくない。

――塩をぶっかけてきた世間を見返したい。

となると、道はひとつ。

「お金でしょ」

でも、「お金」を目的としてセカンドキャリアを考えているうちに、段々と違和感が大きくなっていきました。

いろいろなお金持ちに会いにいきました。たくさん話を聞きました。

そのなかで、「お金」を増やすことだけを目指しても、「お金持ちになるだけ」でイコール幸せ、ではないと悟ったのです。

よく考えてみれば、新聞勧誘員を始めたきっかけも「お金」でした。

――あの仕事で、俺は幸せになったか？

自分が「得たい感情」を知らないとお金は逃げる

新聞勧誘員で109万円をつくったからブラジルに行けた。

プロサッカー選手になれた。

でも、109万円でブラジル行きやプロ契約を買えたわけではない。

109万円は目的ではなくプロセスでしかなかった、

ブラジルだサッカーだと言わず、「100万円を貯めること」が目的だったら、「また稼げばいいし！」と、パーッと使い切っていた気がします。


こっそり告白すると、109万円を手にした僕は本当に、本当に舞い上がっていました。

アパートのすり切れて色あせた畳の上に、109万円を1枚1枚並べ、一人でピースなんかしちゃって、携帯でパシャパシャ写真を撮っていました。

109枚もの1万円札がビッシリ並んだ様子は壮観で、クラクラするほど興奮しました。

で、悪魔が耳元で囁く声を聞きました。

「やればできるって証明できたじゃん。ブラジルやめて車買っちゃう？」「ずっとがんばったんだからさ、少しぐらい贅沢してもいいと思うよ～、ブランド品買っちゃう？」。

「使っても大丈夫だって！　また来月稼げるさ」

悪魔が囁いたのは、全部僕の願望でした。

ブランド品を身につけて車を乗り回す同年代の若者が、ずっと羨ましくてたまらなかったのです。

彼らはお金の悩みなどなく青春を謳歌している。それなのに僕は……。

夢のための資金を出してくれない親に、恨みがましい気持ちを抱いたこともありました。

契約が取れない日は、そんなことばっかり考えていました。

散財を踏みとどまることができたのは、僕が一番優先したいのは、車やブランド品ではないと思い出したから。

僕は自分の「得たい感情」を優先したかったのです。

車やブランド品よりも、僕が得たいと熱望していた「感情」を取りに行ったのです。

あのとき「夢を叶えたい」という感情を優先してよかった。

あれからずっと、僕は「得たい感情」にこだわっています。得たい結果、成し遂げたいこと、ではなく、自分が「得たい感情」を手にするために行動しています。

サッカーを引退するときは寂しかったけれど、決断に悔いはありませんでした。むしろ清々しいほどでした。

いろんな肩書きを持って、肩書きごとに異なる性質のビジネスを手がけていると、たびたび、次のような質問をされます。

「石川勇太という人間は、何を原動力にしているのですか？」

今の僕を突き動かしているのは、ブラジルを目指していたときと変わっていません。「僕が得たい感情」への渇望です。

そして僕が得たい感情を与えてくれるのは、何を隠そう目の前の「あなた」です。

クライアント、社員、セミナーの参加者、友人、家族、そして読者であるあなた。

仕事や生活の場面ごとに僕たちはさまざまな相手と向き合います。

つながりができた相手に、全身全霊で向き合うのが僕のポリシー。と書くと大袈裟ですが、要は「感動する顔」が見たいのです。

僕の言葉やアクションで、相手の感情が「動いた！」と確信できたとき、僕はこの上なく幸福を感じます。

挫折から立ち上がれなかった人が一歩を踏み出す決意をした瞬間。

迷いを振り切って自分の力を信じ始めた人の瞳の輝き。

恐怖や苦しみから逃げずに立ち向かうと覚悟を決めた人のりりしさ。

沈鬱な表情が一転、弾けんばかりの笑顔を見せる人。

頬に涙のあとを残しながらも毅然と顔を上げる人。

僕の言葉、僕のアクションで、目の前の相手の感情が大きく動いたとき、同時に僕の感情も大きく揺さぶられるのです。

僕は、感情の変化を巻き起こすエンターテイナーでありたい。

エンターテイナーといっても、洗練されたスマートな芸風ではありません。

僕は自分のことを「お笑い芸人」だと思っています。

泥臭く、しつこく、煽って、乗せて、テンションを上げて、笑顔にして送り出す。

そんな「お笑い芸人」でありたいのです。

芸人としてのギャラはただひとつ。

「人を前向きに変化させることで得られる喜び」

この喜びをつかむために生きています。

（写真）著者を紹介したブラジル地元紙

6 「自由と平等」の国で目の当たりにした不公平

新聞勧誘員の仕事でつくった109万円を手にブラジルに渡った僕は、念願のプロサッカー選手となりました。それはそれはエピソードが満載なのですが、それはまたどこかでお話させていただくとして、「引退直後」のお話を。

プロアスリートである以上、絶対に「引退」はやってきます。引退後もそのスポーツに関わる道もありますが、全く別の分野で生活の糧を得るという選択肢もあります。

僕が選んだのは後者。引退後の長い人生で、自分自身がどんな仕事をしていきたいのか真剣に考えました。

とにかく行動あるのみです。当時のFacebookで成功者を探し、1日20件のメッセージ送信をノルマとし、セミナーや講演会に参加して情報を集め、自分自身がどんな仕事をしたいか模索していました。

そんなアクションを起こし続けていくうちに、縁があってニューヨークに行くことになったのです。

当時の僕は、英語は全くできません。英語といえば高校時代は5段階評価中2の苦手科目。

期末テストでビリ2だったこともありました。

でも、ブラジル時代にポルトガル語を独学で話せるようになった経験があったので、英語を学ぶことにはそこまでのハードルを感じませんでした。

「よっしゃ、英語、話せるようになっとこうか」と、石川流の語学習得メソッドのスタートです（第2章【コラム】「ビジネスで使う語学は独学でマスターできる」）。

「100%準備が整う」ときは来ない

語学習得に一番「効く」のは環境（フィールドセット）です。

独学でも英語は身につくとは思っていましたが、「何がなんでも話さなくてはいけない、聞き取らなくてはいけない環境」に飛び込めば、習得スピードは格段にアップします。ニューヨークに行けたのはラッキーでした。

完全な見切り発車ですが、「準備万端」より「見切り発車」がたいてい正解です。

完璧に準備することは、誰にとっても不可能だからです。

準備において「100%」は存在しません。

準備するほど気になることが次々に出てくるので、いつまでたっても「準備万端」に到達できないのです。

一生懸命に動いているのに完全な足踏み状態で全く前進していないので、実は結構フラストレーションがたまります。

だから僕は見切り発車でいいので、とにかくその環境に飛び込むようにしています。

まず始める。それから正しいやり方にする。これが僕のモットーです。

語学でもビジネスでも、「環境」が一番の「コーチ」になってくれますから。

見切り発車で向かったニューヨークでは「環境」という名コーチに存分に力を発揮してもらうため、唯一絶対のルールを自分に課しました。

――絶対に日本語を使わない。

ニューヨークとコネチカット州に住んだ2年間、ルール通りに僕は全くと言ってもいいほどに日本語を使いませんでした。

留学やワーキングホリデーなど、せっかく外国で長期間暮らせる機会を得ても、不安や孤独に耐えられずず日本人のコミュニティーにベッタリになってしまう人も多いようですが、それは本当にもったいない。100%の環境にいるのなら、自分自身も完全に100%で全てを受け止めたほうがよいのです。

とにかく「日本語を徹底的に断つ！」と決めた僕は、アメリカ人や南米系の人と一緒に暮らし、彼らとは英語やスペイン語でコミュニケーションを取り続けました。

ニューヨーク時代、日本語を完全に断ったのはあくまでも「語学マスター」のためで、日本が嫌いになったとか否定したというわけではありません。

むしろ逆で、ニューヨークでの日々は「日本っていい国だなあ」「日本人の気質はすばらしい」と、日本や日本人を誇らしく思ったものです。

日本は個性が育たないとか画一的とか言われますが、アメリカ、とくにニューヨークは振り幅が広すぎて「陽」と「陰」が残酷なほどくっきりした街です。

高級な品で全身を飾っている人々もいれば、たくさんのホームレスもいます。

ブロンクスではギラギラした目つきで銃を見せつけてくる黒人もいたし、ワンブロック先で銃声も聞きました。

「自由と平等の国アメリカ」というのは、真実でもあり幻想でもあると教えてくれたのもニューヨークです。

ブラジルではさほど気にすることもなかった人種差別はしょっちゅう。

一部の白人は、日本人をはじめアジア人に対する差別意識を隠そうともしません。

なぜなら、本気でアジア人は劣っていると思っているから。

あからさまな差別を受け、悔しかった。寂しかった。

そして、とてつもなく悲しかった。

――日本はこんなもんじゃない。それはいつか必ず証明してみせる。

同時に外国人が日本人をどう見ているのか、リアルな世界視点を学べた2年間でもありました。

「勝ち負け」よりも「幸せ」を提供する仕事

見返したい、勝ちたい。それもひとつのモチベーションですが、僕はそれだけで走り続けることは難しいタイプです。

確かにビジネスの競合相手とは「勝った」「負けた」はありますが、僕は競合相手の動向を気にしてビジネスをしているわけではありません。

僕たちは僕たちの提供するサービスを受け取ってくれる人たちのために、その人たちの成長や幸せのために仕事をしているのです。

——人を幸福にしたい。それもたくさんの人を。

この考えに至ったのは、ニューヨークでの経験があったからです。

ニューヨークでは自分が差別されたときよりも、ホームレスの過酷な日々に胸がチクチク痛みました。

契約ゼロの新聞勧誘員時代、ブラジルでのサッカーデビューと、ハードな状況には慣れっこの僕にとって、自身への差別はなんとか耐えられるものでした。

でも、希望の欠片《かけら》もないホームレスの暮らしは胸に突き刺さった……。当事者でもないのに苦しくてたまらなかったのです。

両手に紙袋を抱えている老婆、一日中ベンチに腰かけている中年男性……。

彼らを目にしたとき、世界は不公平なのかもしれない、と知ったのです。

こんな不公平は納得がいかない。世界を公平にしたい。

多くの人が幸せを感じられる世界をつくりたい。

そんな願いが現在のビジネスにもつながっています。

僕にとっての「ビジネス」とは、お金儲けという手段だけではなく「社会変革の道具」。

幸せの基準は人それぞれですが、幸せのベースには絶対的に健康な心身が不可欠です。

未来の予防医学を学び知識を一般に広める「ヘルスコーチ」の育成。予防医療、リバースエイジングをベースとしたクリニックの展開などを通して、1人でも多くの人が健康を実感し、幸福に包まれる世界をつくりたいと日々全力を尽くしています。

一人ひとりの健康面に物理的に手を差し伸べることは不可能でも、健康に関する「情報・教育」なら万人に提供することが可能です。正しい情報と教育を通して自力で健康をキープする、必要に応じてプロのサポートを受ける。そんな世界をつくっていきます。

7　元・新聞勧誘員、当面の目標は時価総額1兆円企業

日本でのビジネスが軌道に乗ってから、僕は拠点をマレーシアに移しました。

迷いはありましたが、ビジネス展開はもちろん子供の教育も考慮した上で、一家で移住しました。

マレーシアではビジネスに専念……していたのですが、一念発起して現地でプロサッカー選手への復帰を果たします。

ブラジルで引退したのが21歳。マレーシアでの復帰は31歳。

普通、10年もブランクがあったら復帰なんか考えもしないですよね。

僕も夢にも思っていませんでした。

きっかけはマレーシアでジムに通い始めたこと。

専門性の高いジムで、瞬発力・持久力・跳躍力などの身体能力、筋肉量や脂肪量といった体組成などを最初に丁寧に調べてくれます。

すると、僕のフィジカルの状態を総合的に分析したトレーナーが言いました。

「かなりいい状態だね。なんでサッカー引退したの？　ケガでもした？　え、ケガじゃないの？　もったいない。またやればいいのに」

「またまた〜、もうあんなたいへんな暮らしには戻れないよ」

話半分で流したのですが、トレーナーの言葉がずっと頭から離れません。

ジムに通ううちに「どうせトレーニングするなら第一線を目指してみるのもいいんじゃないか」とスイッチが入りました。

そうと決まれば早速、「環境づくり」です。

何をしたかというとSNSで「現役復帰するぜ！」と宣言。

「衆人環視の逃げ場のない環境」をつくりかったわけです。

久しぶりの靴ずれや筋肉痛。過去と現在の体のキレの差にショックを受け、「なんでこんなことしてるんだろう、もうギブアップしたいかも」と弱気になったりしましたが、黙々とトレーニングを続け、２０２１年5月、マレーシアのサラワク・ユナイテッドＦＣとプ口契約を結ぶに至りました。

実はサッカーはそこまで好きじゃなかった？

と、ここまで読んだ皆さんは「石川さんはサッカーが好きで好きでたまらないんですね」と思ったかもしれません。本音を言えば実のところそこまで好きではありません（笑）。いや、本当に。

じゃあ、なぜ30歳を過ぎてまでハードトレーニングを重ねたかというと、ひとつは自分の可能性にチャレンジしたかったからです。

もうひとつは、本気で挑戦する姿を見せたい人たちがいたからです。

僕は、予防医療を活用して人々の健康面をサポートするヘルスコーチの養成講座で講師を務めています。

講座の修了生や受講生の皆さんが、ヘルスコーチを目指して奮闘する様子をずっと見てきました。

仕事をしながら、人によっては育児もしながらも、空き時間で勉強をし、ビジネス展開を進めるのだからもちろん簡単ではありません。

そんな姿を見て、僕も一緒に挑戦したい、もがき苦しむ石川を見てもらおう、と思ったのでした。

僕が苦しんだところで皆さんが楽になるわけではありませんが、苦しむ体験や挑戦を楽しむ気持ちを共有したかったのです。さらに言えば、「夢」や「目標」が叶うということを証明したかったのです。もちろん証明できる保証はどこにもなかったのですが。

人生を変えた経験が、生き抜く力になる

かつて「契約件数ゼロ」の新聞勧誘員だった僕は、現在、予防医療の普及・啓蒙を軸のひとつとしてさまざまな国で異なるプロジェクトを同時進行しています。

27歳のときに立ち上げた会社は3年で年商10億円、時価総額27億円に到達。現在は、国内外5社のオーナーとなりました。

僕が持つ最大の武器は、僕の年収でも、会社の規模でもありません。

「人生を変えた」という確かな実体験。それだけです。

もしも明日無一文になっても、僕はまた戦える。何度でも戦える。

大きく人生を変えた経験が一度でもあれば、いつどんなときでも自分を信じて世の中を渡っていけます。

でも、この「武器」は僕だけの伝家の宝刀ではありません。

誰でも自分の人生を、自分の手で変えられる。

コンサルティングやセミナーで出会った多くの方が、悩みもがきながらも硬い殻を破り、それまでの人生をひっくり返して大化けしていく様を見てきました。

例えば専業主婦だったYさんは、ヘルスコーチの仕事を知って「絶対にこの仕事をしたい！」と強く思ったそうです。

ご主人に養成講座の受講をしたいと相談しますが、「主婦しかやったことのないお前にできるわけないだろう！」と反対されます。

「社会のことなんか全くわからないんだから、講座なんか受けても無駄だ。そもそも、そんな金はどこにあるんだ！」

激怒するご主人にYさんは必死で頼み込みました。

「子供たちの学資保険を使わせてほしいの」

その言葉にご主人はさらに怒り沸騰するのですが、それでも絶対に受講したいというYさんにとうとう根負けしました。そして、Yさんは本当にお子さんの学資保険を解約して養成講座を受講したのです。

ではお子さんは進学できたのか？

心配になりますよね。

大丈夫、元気に高校、大学に通っています。

下のお子さんは他県のスポーツ強豪校に進学することができました。サポートのためにご主人は1年休職して毎日の練習を手伝ったそうです。

驚かないでください。これらの費用はYさんが全部引き受けています。

Yさんにとってヘルスコーチはまさに天職。子供たちの年間授業料をはるかに凌ぐ額を、たった1か月で稼ぐほどの実績をキープし続けています。

ちなみに、私立高校の1年間の授業料は平均約50万円（「令和4年度私立高等学校等初年度授業料等の調査結果」文部科学省）。学資保険の分はすぐに回収できました。

Yさんの成功の鍵は、徹底した「イエスマン」（3章‐3）になったことです。

「でも、だけど」「どうせ私なんて」をシャットアウトして見事なイエスマンになることで、彼女は自分の人生を変えたのです。今回はYさんのお話でしたが、ビジネスで成果を出している人は他にも大勢います。

人生を変える方法はビジネスだけではありません。人間の健康に深く関わる「食」のあり方を変えて、人生の変化を成し遂げた人もいます。

実家を離れて就職した女性Iさんは、初めての一人暮らしで食生活が乱れ、さらに仕事のストレスが重なってうつ病に。全く動けなくなり、やむなく休職することになりました。

うつ病では食欲が低下してしまう傾向もあります。Iさんもそうでしたが、食べられるときに僕の本（『「年収」を激変させたいなら、「食事」を変えなさい』（JMC）で紹介した食生活を少しずつ実践したそうです。

まずは朝にレモン水を飲むことから始め、良質なアブラを摂る、糖質を控えるなど、ゆっくりと、できる範囲で食事を変えていきました。

最初の変化は「肌」。悪化していたアトピーが落ち着いてきたそうです。肌の状態がよくなるにつれて生活リズムも整っていきました。昼夜逆転が改善されると気分も安定し、うつ病からほぼ脱したと思えるほどになりました。

食が心身両面に作用する効果の大きさを身をもって知ったIさんは、メンタルの不調を持つ人に食でアプローチしたいと考え、私たちのヘルスコーチユニバーシティで、さらに詳細な予防医療とビジネスの双方を学んでいます。

「世間知らず、身の程知らず」でよい

今の僕の目標は、ひとつは会社を時価総額1兆円企業に育て上げること。

もうひとつは予防医療を日本の隅々にまで浸透させて、「病気にならないことが当たり前の社会」を創ること。

それが達成された暁には、医療費の大幅な削減や健康寿命の延伸、突然死の減少が待っ

ています。このあたりは次節でじっくりお話しします。

きっと「お前にできるわけないだろ」と、たくさんの人に言われるでしょう。今までも散々言われてきた台詞ですから、僕は正直全く気になりません。夢を語り続けます。

そうやって、「お前にできるわけないだろ」と言われたことを、ひとつひとつ実現してきたから。

大それた目標を公にしてしまう僕のことを「特殊な人」「自分とは全く別の人種」と言う人もいるかもしれません。

けれども、僕とあなたの「能力」に違いはありません。

小中高の頃の僕の成績は全く「優秀」とは言えないものでした。元気はいいけど落ち着きがなくて成績は中の下ぐらい。休み時間には友達とワイワイやっていて授業中はウトウト。

今でこそ英語、ポルトガル語、スペイン語と、母国語の日本語を含めて4か国語を話しますが、高校のときの英語の成績は下から数えて2番目のこともありました。

ほんの一握りの天才秀才を除いて、ほとんどの人は能力的な部分に大きな差はないのです。


10代や20代の頃の僕に「特殊」と言えるところがあるとしたら、諦めなければ夢は叶うと信じ切っていたところでしょう。

若くて、世間知らずで身の程知らずだった僕は、本気でそう思っていました。


若いですよね。我ながら青臭いです。

昔の自分を振り返ると、心の中は誇らしさと気恥ずかしさのせめぎ合いです。

さて、今。

30歳を超えてビジネスで成功も失敗もたくさん経験してきた僕は、あの頃と変わらず、いや、あの頃よりも強く、諦めなければ夢は叶うと信じている。

50歳になった僕にも、誇らしさと気恥ずかしさ味わわせる気概でやっていきます。

8 なぜ「現状」に挑むのか？ それは「4つの Big Why」があるから

僕は、自分が取り組んでいる予防医学ビジネスが本当に花開くのは、30年後、40年後、もしかしたら50年後かもしれないと覚悟しています。

道のりは長い。でも、どうせやるなら男子一生の仕事、人生をかけた50年勝負のほうがおもしろい！　そう思っています。

日本人は病気についてはよく知っていて、病気を見つけること・治すことには熱心ですが、予防を目的とした行動は根づいていません。

「病気を治して健康になる」のではなく、そもそも「病気にならない体をつくる」ことが予防医学の考え。「治療」から「予防」に軸足を変えると言えばよいでしょうか。

日本人の多くは頭では「予防医学」の有用性を理解していますが、実際にお金や時間、労力をかけるとなると二の足を踏んでしまう。「予防に注力する」経験値が絶対的に不足しているからです。

経験不足のまま21世紀に突入し、もう四半世紀が経とうとしているのです。
そんな「予防医学黎明期の日本」の現状を、10年程度でひっくり返せるわけがない。
とはいえ、悠長に構えていいわけはありません。
その10年であなたの大切な誰かの命が削られてしまうかもしれない。
あなたが人生を謳歌できるはずだった時間が浸食されてしまうかもしれない。

少しでも早く、少しでも多くの人に予防医学の知識を伝える。人々の意識を「治療」から「予防」へとシフトするために、僕や会社のスタッフ、ヘルスコーチは一丸となって真剣に挑んでいます。

予防医学が当たり前になったとき、僕らが掲げる「4つのBig Why」が現実となっているはずです。

Reason 1　日本人の突然死を現在の半分の5万人に減らす

現在、突然死する日本人は年間10万人とも言われています。交通事故死が3000人台ですから、突然死がいかに「身近な死」なのかおわかりいただけるでしょう。
実は、僕も身近な人を高校生の頃に突然死で亡くしました。

幼なじみの母で、彼女は僕のことを実の息子のように本当にかわいがって慈しんでくれたのです。僕にとって「第二の母」とも言える存在でした。

彼女の死を思うと、今も胸が苦しくてたまらない。あの日、彼女が倒れた場に僕は居合わせたのです。いつものように幼なじみの部屋でサッカーゲームに興じていると、リビングから友人の名を呼ぶ声が2回聞こえました。いつも聞いていたその声が、第二の母の声を聞いた最後でした。

友人がリビングに向かうと、意識を失って床に倒れていて呼びかけにも全く反応しません。

息を引き取ったと連絡があったのは、それからわずか数時間後の夜のことでした。妻であり母である存在を亡くした友人の家は、少しずつ少しずつバラバラになって、以前の温かな家族に戻ることはありませんでした。

1人の人が亡くなったら葬儀には100人200人もの人が参列します。それだけ衝撃が大きいのです。身近な人の心に与えるダメージは数値化できませんが、何年も何年も癒やされないことだって珍しくありません。大事な人の死で希望を失う人、死を選んでしまう人さえいます。

突然死という悲劇は、新たな悲劇の引き金となるのです。

批判を覚悟で言いますが、突然死も、突然死が引き起こす悲劇も「無駄」です。

なぜなら、突然死は減らすことができるから。

僕たちは「予防医学」の力で無駄な悲劇を絶対に減らしてみせる。

Reason 2　1億人の無駄な10年を5年にする

長寿大国として知られる日本は「人生１００年時代」と言われるようになりました。そんな日本人の平均寿命は、厚生労働省によると男性81・41歳、女性87・45歳（２０１９年）。

長生きできてめでたしめでたし……といかないのは、平均寿命と健康寿命とが乖離しているからです。

健康寿命とは日常生活が制限されることのない期間のこと。男性72・68歳、女性75・38歳となっているので、平均寿命との差は9年と12年。約10年と言えます。

つまり、長寿大国日本の高齢者の多くが、人生の終わりの約10年は、サポートがないと歩けない、食べられない、生活がままならない状態に陥っているということなのです。

その10年で、介護疲れから家族や配偶者のほうが先に逝ってしまうことも珍しくありません。

僕らの教育や情報、プロダクトを手に取ってもらえば、健康寿命を平均寿命へと近づけ、

10年の差を5年に縮めることが可能です。

Reason 3　国民1人あたりの年間医療費を半分に

「医療費」。この単語が出ただけでゲンナリする人は多いでしょう。なぜなら絶対に景気のいい話ではないから。

税金も物価も上昇するなか、とにかく毎年毎年、国民の医療費は増加していて、「もういい加減にして！」という気分だと思います。

でも、医療費が増大する責任の一端は、僕ら国民にもあるのでは？

1人当たりの医療費は一生涯で2500万円。

一人ひとりが自分の健康に責任を持てば、医療費だって半分にできるはず。

もしも半分になったとしたら？

医療費として出ていくはずだった1250万円が入ってくるとしたら？

極端な例ですが、2500万円の家だったら、「元・医療費」を充てれば半分は支払いが完了します。だいぶ魅力的な話ではないですか。

夢物語と言わないでください。

僕は半分どころか、20分の1の100万円にすることだって可能だと思っています。予防医学を駆使すれば、医療のお世話になるのは最小限の薬、避けられない手術ぐらいですむからです。

Reason 4　健康（SUPER HUMAN）を手に入れやすい「社会インフラ」を創る！

スーパーでは季節や土地にかかわらず、同じ野菜がいつも並んでいます。

パックに入った魚や肉は、どのような環境下で育ったのかわからないものがほとんどです。

産地や添加物を気にし始めたら中食も外食もままなりません。

日本は豊かで便利な先進国ですが、「健康」を手に入れようとすると、意外とスムーズにはいかないものです。

健康になりたいと思った人が、ツールや商品に簡単にアクセスできる社会にしたい。

予防医学を指導するヘルスコーチを育成する場、予防医学を提供するクリニック、貴重な栄養素を補えるサプリメント、ＥＣサイトと、次々にプロジェクトを進め、現在も複数を進行中です。

でも、まだまだ不十分です。まだまだ日本中に行き届いていません。

もっともっと手軽に確実に「健康」を手にできる社会にしなくては！

本気で医療を変える、日本を変える

今の日本は「病気はあって当たり前。だから病気を治す施設や方法について考える」という社会。

でも、僕は「病気ありき」で考えるべきでないと思っています。

僕ら人間は、健康に生き、健康に死んでいくことができるはずです。

病気にビクビクするより、健康をつくり上げて朗らかに暮らすほうが絶対にいい。

そんな日本に、僕らの手でつくり変えたい。

「4つの Big Why」を僕たちは本気で実現するつもりです。

会社のスタッフ、ヘルスコーチは、全員本気です。

僕らの本気を見ていてください。

人生100年時代が来るのに、長生きしたくない人が増えている

今、世界中で予防医療、そして再生医療の研究が猛烈なスピードで進んでいます。日本人の死因第1位のガンも、いずれ治せるようになる。それどころか、そもそも「ガンを予防できる・ガンにならない世界」がもうすぐそこまで来ている。

予防医療が浸透したら、健康な体が手に入り、必然的に長寿がもたらされます。どうやったって、長生きしてしまうのです。

2045年には平均寿命は100歳になると予測されていますが、「人生100年時代」どころか、健康に投資する人は「人生150年」が当たり前になる時代が来ると僕は予想しています。

最近はメディアや雑誌の取材を受けることが増え、右のようなことを語るのですが、20代の若手でも、50代のベテランでも、記者の皆さんはほぼ全員が「げんなり」した顔をします。

そしてボソッと、つぶやくのです。

「そんなに長生きしたくないなあ……」

不老長寿は人類の宿願だったはずではないですか！

それなのに手放しで喜べないのは、なぜなのか？


どうして長生きに後ろ向きなのか、今度は僕が取材する番です。


「やっぱり一番の心配は老後資金ですよね」

「ウチの子は今、浪人中で……。無事に独立できるのかな」

「配偶者に先立たれたらもう……」

「いや、予防医療って言っても、上級国民のものでしょ？　どうせ俺はヨボヨボの寝た切りになっちゃうんだよ」

さまざまな不安が挙がります。

その不安を少しでも解消したくて、人々は医療保険に入るのですが、保険のシステムそのものも僕には納得できない。

病気になると「ご褒美」がもらえるシステム

今の「保険」は、ガンになったら、生活習慣病になったら、果ては死んでしまったら「保険金＝ご褒美」がもらえるシステムです。

それっておかしくないですか？

普通、逆じゃないか？

もし医療費が大変だ大変だ、と国として困っているのなら、病気にならなかったら、足腰が丈夫なら、元気に過ごしているなら、ご褒美をもらえるべきじゃないでしょうか。

病気になることや不安な健康状態で長生きしてしまうことばかり心配する世の中ですが、健康をキープしたら褒められるシステムになれば、意識が変わるはず。

もし健康な人にインセンティブが与えられるシステムがあるならば、みんなが当たり前のように健康になるための取り組みを始め、医療費も大幅に削減できると思うのです。そしてみんなハッピーで幸せになれます。

2021(令和3)年度の国民医療費は45兆円を超えました。団塊の世代が後期高齢者になり、医療資源が逼迫するその時は、もう目前に迫っています。

なぜガンになったらご褒美がもらえるのか。今、僕や会社のスタッフ、ヘルスコーチはそのような社会の違和感に対して真っ向から挑戦しています。

CHAPTER 2

ミッションを果たすための仕事の仕方

第2章

ミッションを果たすための仕事の仕方

僕が胸に抱く「ミッション」とは――。
社会に貢献できる仕事をすること。
ミッションを果たすため、僕は「仕事」と格闘する。

1

「恥」はかくためにある、「トライ」は「エラー」のためにある

サッカー選手を引退してブラジルから帰国した僕は、次のステージを模索してビジネス

書を読みあさり、興味を持ったセミナーにはとことん参加しました。

セミナーが終わると講師の「出待ち」もよくしたものです。

質問することもあれば、感謝を伝えることもありました。直接、言葉を交わすことで、その講師が発するオーラを感じたかったからです。

たいていの講師は丁寧に対応してくれましたが、ときには邪険にされることもありました。

でも、声をかけないことには、どんな対応をされるかはわかりません。

仮に邪険にされたとしても、それは人生のほんの一瞬の出来事。

かすり傷にさえならない些細なことでしかないのです。

声をかけて無視されたら恥ずかしいとか、自分の無知を指摘されたら恥ずかしいなどと躊躇するのは、本当にもったいない。

恥は一瞬。恥をかいても損はしません。

でも、恥を怖がると確実に損をします。

「失敗」を重ねて、人は強く賢く優しくなる

「トライ&エラー」

「エラーを繰り返すことで問題解決の力がつく。エラーを恐れずどんどんチャレンジせよ！」とは、ビジネスの場でよく使われる表現です。

散々、数え切れないほどのエラーを重ねてきた僕は、「エラー」の価値を知っています。

「エラー」を重ねた人間だけが持つ、強さも知恵も、優しさも知っています。

だから、一緒にがんばるスタッフたちにも、たくさん失敗してほしいと思っています。

多くのプロジェクトを進めるには僕一人では限界があるのでスタッフに任せることになりますが、当然ながら大なり小なりエラーが発生します。

僕がちょいちょい手出し・口出しすれば、早く確実に僕のイメージ通りにコトは進み、エラーも発生しづらくなるでしょう。

でも、それでは本人たちも面白くない。

いつもと同じ発想で、いつもと同じ方法。リスクはないけど成長もない。

現状維持に乗っかるのをヨシとしている人間が、日本の医療界を変革できるの？
失敗を恐れる人間になにができるのか？

失敗したところで、命まで取られることはほとんどありません。
せいぜい「苦い思いをする」だけ。
それだって、時が過ぎれば薄らいでいくものなのです。

成功体験は使い回しが利かない

実は苦い思いが大きいほど、イイこともあります。
「こんな思いを二度と味わわないためにどうしたらいい？」と、行動を修正するきっかけになるからです。

どんどん失敗しましょう。
世の中は失敗した者勝ち。

なぜ？　って、成功体験よりも失敗体験のほうが汎用性が高いのです。

1回の失敗で得た経験は、何度も使い回しできて「お得」なのです。

成功したら「めでたし、めでたし」で終わり。

ごちゃごちゃ考えるより成功の余韻に浸っているほうが気持ちいいのですから、振り返ってあれこれ検証しないものです。

でも、失敗のあとの「イヤな思い」は気持ちがよくないから、払拭したくて「何がいけなかったのか」「もしもこうしていたら」と思考を深めます。

このときの検証は、決して無駄にはなりません。

その失敗は、いろんな場面で「使える」無形資産となっていくのです。

【ミッション達成のための仕事術①】

□恥を恐れると損をする。

□失敗の「苦い思い」で死にはしない。

↓

恥と失敗を重ねて成長する。

2　自分に期待すること

周りの誰一人として、あなたに一切期待をしなかったとしても、あなただけは絶対に自分に期待し続けてください。

自分に期待しているからチャレンジできるし、自分への期待があるから、結果が期待したものではないときでも逃げずにまた挑戦できるからです。

快より不快を選ぶ

自分への期待を育てる方法は2つです。

ひとつは意外かもしれませんが「不快な領域に飛び込む」こと。

先日、僕も飛び込んでみました。マレーシアで電車に乗ったのです。

電車は便利な乗り物ですが、見知らぬ同士が狭い空間にひしめき合って揺られていると、時にはとてつもなく不快な思いをすることがあります。

赤ちゃんが泣いたり子供が騒いだりなんかは、我が家も同じなので微笑ましいと思うだけで気になりません。

でも、小さな子供を抱っこしているお母さんが目の前で立っているのに、スマホをいじって座ったままの会社員や学生とか、それ系の不快さが辛い。だから僕は電車がちょっと苦手です。

それがある日、空港から自宅へ戻るときに「今日は電車にしよう」と思い立ったのでした。

マレーシアで電車に乗ったのは、4年住んでいましたが初めて。

大きなスーツケースを引っ張って電車に乗るのは気が進まないことですが、だからこそあえて乗ってみようと。

切符を買うのに戸惑い（結果、切符を買う必要はなかった）、荷物がジャマだとにらまれ、いつものタクシーでは経験しようもない「不快」を堪能（？）できました。

不快な環境に飛び込むと、こんな世界もあるのかと自分の視野がググッと広がります。

不快感がピークに達すると「イヤだ！　ここにはいたくない」と感情が動き出すことでしょう。

そこで、「じゃあ、自分が生きていきたいのはどんな環境だろう」と深掘りしていってください。

自分が求める環境が見えてきたら、あとはそこに向かって突き進めばいいのです。すると自分に期待が高まります。

ちょっと上よりはるか上を

もうひとつの方法が、今の自分とかけ離れた「上の世界」に飛び込むことです。がんばったら手が届きそうな2倍ぐらいの「チョイ上」ではなく、10倍上のぶっ飛んだ世界を体験してみてください。

例えば、こうです。

自分よりも収入が10倍以上ある人たちと同じ空間に身を置いてみる。

趣味があるなら、その道で身を立てている人の技や作品に触れてみる。

スポーツをしているなら、プロのトレーニングに参加してみる。

カフェ好きなら、いつもより10倍高い値段の5つ星ホテルのカフェに行ってみる。

そんな世界があるの？　と疑問に思うかもしれませんが、インターネットで情報検索してみてください。「そんな世界」が身近にあって、しかも意外と簡単にアクセスできることがわかります。


10倍の世界を目の当たりにしたら、「こんな世界があるんだ！　こんな人がいるんだ！」という衝撃があるでしょう。

上には上がいると知ったとき、「俺もできるかもしれない」「私にも可能性はあるかもしれない」と、自分への期待が生まれます。

「今の自分」、「いつもの自分」という枠の中にだけいても、自分への期待は生まれません。

いつもの枠から飛び出して「行きたくない世界」「行きたい世界」の両方に身を置いて、「自分への期待」を膨らませましょう。

【ミッション達成のための仕事術②】

□不快な領域に飛び込み、視野を広げる。
□10倍上の世界を体験して自分の枠から飛び出す。
←
自分に期待できる。

3 小さい欲ばかり叶えていると、小さなことしか成し遂げられない

一日3回の食事を取るとしたら、そのたびにあれこれ考えることが出てきます。何時に食べるか、何を食べるか、誰と食べるか、どこで食べるか。あれ、10分しか時間がない！　やっぱり食べるのをやめるか……。

「食」は健康の基本。もちろん、そうです。生きていく上で絶対に外せないことではありますが、それでも毎日3回、食に関する「選択と決断」を迫られるとなると……。

3食ごとにアレコレ考え、ひとつひとつ決定を下していく一連の作業は、結構煩わしいときがありますよね。

健康のための「食」がストレスになっては本末転倒です。

僕はおいしいものが大好きだし、親しい人と一緒に食事をするのは楽しみのひとつですから、時には張り切って評判のお店をリサーチして予約します。

また、アスリートとして自分の体のコンディションを整えることも、トレーニングのひとつ。

試合の前、ハードワーク後など、その時々で体に必要な栄養素をチャージする食事をデザインしています。

ただ、目の前に取り組むべき仕事があり、仕事に向かってダッシュをかけたいときなんかは、「食べる」ことに頭を使いたくない。

「誰かとの大事な食事」「自分の体のメンテナンスのための食事」「毎日家族と囲む夕食」ではなく、「自分だけの食事」は極力シンプルに。

僕は朝食は基本的に食べません。究極のシンプルです。

朝食を食べる必要があるときは同じメニューを摂ることにしていて、頭を悩ませる時間をカットしています。


健康のためには朝食を抜くなと言われていますが、実は朝食を抜くほうが健康面でのメリットが大きいのです。

朝食を抜くと、夕食後〜就寝時〜昼食まで消化吸収に関わる内臓を長時間しっかりと休ませることができます。その代わりに排泄機能が向上してデトックスが進み、体のリセットに有効です。


「朝食抜き」のメリットはたくさんあります。

一日のスタート時に、「食べること」に時間とエネルギーを割く必要がない。

体をしっかり休められてパワーをチャージできる。

今日という一日の動きをシミュレーションし、活力を十分に高めて始動できるようになるのです。

小さな「選択と決断」の繰り返しでパフォーマンスが落ちる

「選択と決断」に関する面白い研究があります。

ケンブリッジ大学のバーバラ・サハキアン教授は、人間は1日に平均3万5000回もの決断をすると述べています（『BAD MOVES: How decision making goes wrong, and the ethics of smart drugs』）。

3万5000回！　とんでもない数字です。

つまり、僕たちは起きている間は、ひっきりなしに何らかの選択・決断を繰り返しているということになります。

たとえ小さな選択や決断でもそれなりに脳に負荷をかけることになるので、その後のパフォーマンスを落とすことがわかっています。

こうした負担を極力減らそうとし始めたのが、Facebook創設者のマーク・ザッカーバーグ氏。

彼がいつもグレーのTシャツとジーンズなのは「何を着るかとか、何を食べるかとか、チマチマした決断の数を減らしたい」から。

自分の時間とエネルギーは、可能な限り自分の未来の可能性に注ぎ込みたいのです。

目先の欲を選択すると遠くに行けない

食べたいものを食べたいだけ食べるとか、流行の服を着るとかは、かなり魅力的なことですよね。

仕事をがんばるモチベーションになることもあります。

自分の「欲」も満足させられるし、ちょっと見栄も張れるし、そのときは結構いい気分になれます。

僕も「目先の欲」に負けることがあります。

だから、自戒を込めて問いたいと思います。

あなたの目標が「食べたいものを食べたいだけ食べる」「流行の服を着る」なら、目標達成です。

が、あなたが「本当に達成したい目標」は、もっと大きく、遠くにありませんか？

あなたが叶えたい「本当の夢」を思い出してみてください。

「本当の夢」以外は、どんなに見栄えがよくても「小さな欲」でしかありません。

「小さな欲」は、あちこちから視界に入ってきて、あなたを誘惑するでしょう。

「本当の夢」を達成することのジャマをしてきます。

「小さな欲」を取りに行くとき、必ず選択と決断のアクションが必要となって、あなたの時間とエネルギーは確実に消費されてしまいます。


時間とエネルギーを無駄遣いすると何が起こるのでしょうか？

「本当の夢」が遠ざかっていきます。


時間とエネルギー、資金には限りがあります。

「小さな欲」を満たすために使ってしまうと、「本当の夢」のために使おうとしたとき足りなくなってしまうのです。

「小さな欲」を叶えるよりも、「大きな夢」を持つほうが、あなたの可能性は引き出されます。

１００の小さな欲を叶えるよりも、大きな夢への努力のほうが自信にもなるのです。

大きな夢のために、可能な限り「小さな欲」を後回しにしましょう。

【ミッション達成のための仕事術③】
□無駄な選択と決断の機会を減らす。
□小さな欲に惑わされない。
↓
大きな夢に集中。

4　オリジナリティを追求しすぎると失敗する

オリンピックの金メダリストと、全く同じ筋肉をつくることができたら。

同じ筋肉の体で、同じトレーニングを積んで、同じフォームを完璧に再現できるようになったら。

金メダルを獲れると思いませんか？

ビジネスでも同じです。

トップセールスマンと肩を並べたければ、成功者と同じ景色を見たければ、その人の全てを完全に完璧に自分の中に取り入れてみることです。

世の中には多くの成功者が存在し、その何倍もの人が成功に届かずにもがいています。成功していないからといって、努力していないわけではないのです。

さて、イメージしてください。あなたは今、分かれ道に立っています。

「実るか」と「実らないか」の分かれ道

さて、分かれ道に立つあなたに質問です。

あなたの努力が実る確率を上げるのは、次のどちらだと思いますか？

①型をぶち破るオリジナリティー

②すでに存在する型を身につける

個性や独自性こそ価値があるとされている現代社会です。当然①だと思いますよね。

でも、正解は②。

「型を身につける」とは、平たく言えば「真似する」ということ。

「真似」なんて言うと「パクリ」とネガティブに捉える人が多いのですが、ここだけの話、成功したサービスやモノの99・99パーセントは「真似」でできています。これはホント。

成功者のほとんどは「自分の才覚」「自分の手柄」としたいので、「真似」とは絶対に口にしません。

が、僕は真実を語ります。「成功者は皆、真似の達人である」と。

本書を手に取ってくださったあなたに、「真似はみっともない」「オリジナリティこそ価値がある」と勘違いしたまま迷走してほしくないのです。

僕だけではありません。偉人も「真似」をポジティブに評価していることを知ってください。

イギリスの神学者ウィリアム・ラルフ・イングは言いました。

「オリジナリティとはバレない盗作である」

独創的な美術表現を確立したパブロ・ピカソですら、こう言っています。

「優れた芸術家は真似をする。偉大な芸術家は盗む」

中途半端な「真似」ではなく、徹底的に真似ることで、その道で通じる「型」が身についていくのです。

達人の「型」に自分をはめると、達人の思考や行動も入ってくる

僕が「契約の取れない新聞勧誘員」だったお話はしましたが、そこから脱出する道筋をつけてくれた恩人が「カッさん」です。

一発ホームランを狙って飛び込んだ仕事なのに空振りばかり。

それでも、たまにはヒットを打てるときもあって、手取りは15万円前後を行ったり来たりするようになりました。でも、その程度では一人暮らしだった僕には生活するのに精一杯で、1円も貯金はできません。

貯金は増えないのに、時間だけがどんどん過ぎていきました。このままではアスリートにとって大きなポテンシャルである「若さ」の価値も減る一方です。本当に焦っていました。

——月収100万円なんて誇大広告に騙されたんだ。

悩みに悩んだ僕は、勧誘員を辞めることを決意します。

退職する旨を上司に伝えるため事務所に帰ると、騒々しく入ってきた人がいました。

「いやあ、まいったよ。今日も7件契約が決まっちゃって、書類つくるのもたいへんだよなあ」

な・な・ななけん!?

そして、きょう「も」!?

耳を疑いました。

これだけの契約数だと、勧誘員が受け取る報酬は約9万円。

しかも驚いて振り返ると、「え、ウソでしょ？　この人が?･」という中年男性が立っていました。


それが「カッさん」との出会いでした。


年齢は40歳。パッと見はフツーの中年男性。

戸別訪問だと対応してくれるのは女性が多いのですが、すごいイケメンとか、声がダンディーとか、そんな「モテ要素」は皆無（ごめんなさい、カッさん）。

どこからどう見てもフツーのおじさんです。

不遜ながら「見た目だけなら俺のほうが契約取れるだろ」と思ってしまったくらいです。

事務の人とカッさんのやり取りに聞き耳を立てていると、どうやら7件は本当のよう。

それも、珍しくないらしい。

——なんで？　どうしてこんなに契約を取れるんだ？　どんな技を使っているんだ？

辞めるのはいつでもできる。

でも、この人のすごさの秘密を知らずに辞めるのは惜しすぎる。

覚悟を決めました。

事務所から出て行ったカッさんを猛ダッシュで追いかけていきました。

驚いた顔のカッさんに必死のアピールです。

「すみません！　僕は石川勇太と申します。3月に高校を卒業したばかりの19歳です。ブラジルでプロサッカー選手になりたいんです。そのために100万円が必要でこの仕事を始めました。でも、全然契約が取れないんです。夢を叶えたいんです。どうか教えてください！　弟子にしてください！」

90度以上の角度でおじぎする僕にカッさんは言いました。

「明日から俺の車に乗っていいよ」

自己流は足かせになるだけ

翌日から、僕はカッさんを徹底的に研究しました。

カッさんの勧誘スタイルを、ドアの陰やマンションの外階段に潜んで隅から隅まで観察しました。

インターフォンに向かってお客さんに何と言うのか。

ドアが開くまでどんな風に立っているのか。

第一声は？　どんなことを話す？　契約書を出すタイミングは？　契約書の出し方は？

世間話のテーマは？

お客さんとの距離、体の角度、ドアの押さえ方、お辞儀の角度……。

カッさんがインターフォンを押してから契約に至るまでの「勝負タイム」は正味5分。たったそれだけの時間に、真似るべき要素は驚くほどありました。

隅々まで知りたくてICレコーダーをシャツの胸ポケットに仕込ませてもらって、お客さんとのやり取りを録音させてもらいました。

カッさんの仕草、話し方、間合い、笑い方、何度も何度もシャワーを浴びながら、移動中も休みの日も録音をひたすら聞きながら真似をして、完全にマスターしたのです。

カッさんに弟子入りしてから2か月後。

僕はついに月収100万円の壁を破り、109万円を稼ぐことができました。

その月の社内利益トップ。このことを僕以上に喜んでくれたのがカッさんでした。

自己流にこだわっていては、「今の自分以上」には絶対になれない。

真似るなら徹底的に真似ること。

ハイレベルな人の「型」を見よう見真似でもいい、徹底的に真似ていれば、いつか思考や発想も身についていき、肩を並べ、超えることも可能なのです。

カッさん。本当にありがとう。
今の僕があるのはカッさんのおかげです。

【ミッション達成のための仕事術④】

□我流を捨てる。

□理想の「型」の持ち主を見つける。

↓

徹底的に型をマスターする。

（写真）著者が掲載された就職情報誌

ビジネスで使う語学は独学でマスターできる

前節で書いた「真似」は「語学」を身につけるときも発揮します。僕の経験から言うと、語学をマスターするにはとにかく真似ること！

スクールにも通わず、家庭教師もつけず、ポルトガル語、スペイン語、英語をマスターし、ビジネスで使っている僕は自信を持ってお勧めします。

語学は独学でいける。

情報の輸出入ができる現代、母国語以外を操ることができればビジネスの幅はグッと広がります。もちろん収入も変わります。

通訳を介せばビジネスは進められますが、自分の「思い」を自分で伝えたときに比べると相手とのつながりの強さは、正直桁違いに変わります。

予防医学のクリニックにどうしてもある機器を導入したかったのですが。日本にはまだ代理店がありません。直接、海外のメーカーとやり取りしたところ、導入にOKが出ただけでなく、「ぜひ日本代理店になってほしい」という展開となりました。

実際に体験して「これはスゴイ!」と虜になった米国製のスペシャルな治療があるのですが、こちらをクリニックで提供できることになったのも、自分の言葉で熱意を表現できたからです。

通訳を介すことがダメというわけではありません。ただ、どうしても成功率は下がる。10回中8回という高い成功率を維持するには、会話のテンポ、探り合いからのさらけ出しなどの「話芸」が必須。なめらかに話芸を発揮できるのは、言葉を自由に操れるからなのです。

子供がお手本~失敗を気にせずに何度でもトライ

僕が最初に習得した外国語はポルトガル語です。

「ブラジルでサッカー選手になる!」と高校時代から宣言していたから、ポルトガル語にも早くから取り組んでいると思いますよね?

ところが、高校時代の僕は英語が苦手すぎて、もはや「語学アレルギー」の状態。卒業後はお金をつくるのに精一杯。ポルトガル語の勉強はずっと後回しにしていました。

心の中では「行けばどうにかなるから」と思っていたのですが……、全くどうにもなりませんでした（笑）。

しかも19、20歳のときって、一番自意識が強い時期なんですよね。たどたどしくても喋ってみればいいのに、「間違ったら恥ずかしい」「からかわれたら腹立つ」「子供みたいに思われるのは耐えられない」とかプライドがジャマして、なかなかポルトガル語が上達しませんでした。

当たり前ですが、言葉が通じないとサッカーでも日常生活でも困ることばかりです。

とにかく早くポルトガル語をマスターしないといけません。

どうやったら話せるようになるのかよく考えました。

――ボールを蹴らずにサッカーが上達するか？　いや無理だ。話さずにポルトガル語がわかるようになるか？　もちろん無理だ。とにかく練習が必要。どうやって練習する？　そうだ、子供のように大人の真似をしてみよう。

とにかく耳にした言葉を真似する。誰かが話したらそのまま真似する。話している人の横で、怒られそうになるぐらい真似する。怒られても真似する。毎日毎日、繰り返しました。

そのうち発音も上達し、言葉の意味もどんどんわかるようになって、かなりスムーズに会話できるようになったのです。本当に喋れるようになりたいなら「スペル」よりも「音」で単語を覚えることをお勧めします。ときどき何度聞いても覚えられない単語もあって、それはフラッシュカード（単語帳）にカタカナで書き出して記憶に定着させました。

小さな子供に言葉を教えるとき、大人は何度も発音して真似させます。子供は大人を真似て発音を覚え、語彙を増やしていきます。僕たちが普通に使っている日本語は、真似を重ねて重ねて、また重ねて、身につけたものなのです。

よく「語学を勉強する」と表現しますが、語学に関しては「勉強」という意識は消したほうがいいです。

正解は、「慣れる」です。

僕らは「語学を勉強する」方法は知らなくても、「言葉に慣れる」方法なら日本語で体験してよく知っています。それなのに「語学を勉強する」と言われると、一気に難しく感じてしまうのです。

言語を覚えるのが一番得意な年代は、1歳2歳3歳児です。彼らには勉強なんて意識はありません。

大人になって外国語を習得したいときは「子供に戻って」みましょう。1歳2歳3歳の子供たちがどのように言語を習得しているかをよく観察して、真似てみましょう。それが3年で4か国語をマスターした僕がオススメする最高の言語習得方法です。

人間は怠ける生き物。だから逃げ道を塞ぐ

ポルトガル語とスペイン語は、ブラジル時代に現地のネイティブたちを真似ればよかったのですが、英語を覚えようと思い立ったのは周りにネイティブがいない日本。

そこで活用したのが映画とKindleでした。

発音を身につけたいときは「目を閉じる」。

これで聴くことに集中でき、正しい発音を再現しやすくなります。「聴く・再現する」に没頭して、意味をきちんと理解できなくても気にしません。

とにかく「音の再現」に専念しました。

成果はバツグンで、僕は結構ネイティブに間違われます。これはちょっと嬉しい。

ちなみに映画はラブコメがお勧めです。

ストーリーがシンプルでジェスチャーも大きいのでストーリーが理解しやすく、楽しく観て

いられます。さらに日常で使う言葉がふんだんに出てくるので、実際に使う言葉のみ習得できます。ジャンルに限らず、日本語で観たことのある映画を選ぶのもよいでしょう。

余談ですが、モノマネ芸人さんは本家なみに歌が上手ですよね。「聴くこと」の能力がすごく高いから正確に再現できる。モノマネ芸人さんが本気で語学に向き合ったらスゴイことになります。ということは、僕もモノマネにチャレンジしたらそこそこいけるかもしれないな、なんて思ってます（笑）。

話を戻して。Kindle の音声読み上げ機能を使うときは「英文の文字を目で追い、耳で聴き、声を出す」と、目・耳・口の3つを同時に使います。実際の会話では必ず声を出しますから、何かと声を出して慣れておいたほうがよいのです。

映画や Kindle は優れたツールです。あんまりすごいので、こういうものが身近にあって自由に使えるというだけでも、私たちはいかに恵まれた時代に生きられているかわかりますよね。

僕は「毎週○曜日は映画」「お風呂の中は Kindle 再生」と、使う時間を決めて日常生活に組み込んで、「英語にどっぷり浸かる環境」を強制的につくっていました。

なるべくその言語に触れる慣れる、機会をつくりたいので、パソコンやスマートフォンの言語設定を覚えたい言語に変えておくのも、言語習得には非常に効果的な方法です。ある実態調査によると、人は1日に52回もスマホを見ると言われているので、強制的に触れられることができるのでオススメです。

あとは、言語学習＝勉強、ではないのでもっと気楽に言語に触れていくといいですね。例えば、「英語のインストラクターの動画でエクササイズをする」「イタリア語の料理動画を見る」とか。「習得したい言語の動画×趣味」でいけると、楽しみ要素がアップし、より継続していけますね。

ワクワクがないと語学は身につかない

初めての外国語であるポルトガル語をマスターするときは、とにかく必死でした。最初が一番たいへん。これはマルチリンガルの皆さんもよく言っています。

それに比べてスペイン語は「喋れたら便利だよね」と、ライトに取り組みました。言い間違いや変な発音も「覚えてる最中だから仕方ないじゃん」と全く気にせずに、とにかく真似て喋っていました。

一度、外国語を身につけた経験があるとコツがわかっているので、スペイン語はポルトガル語に比べて5倍ぐらいのスピードで身についた気がします。

身につけた言語で何ができるのか、どこに行けるのか、どんなビジネスを展開するのか。新しい世界が開けていくワクワクした気持ちが味わえます。

「なかなか語学が上達しない」のは、自分を動かす「ワクワク」が曖昧になっているからかもしれません。「自分はどんなワクワクが欲しいのか、何のために語学を習得するのか」、目的をもう一度確認してみるといいですね。大きな動機でなければ、現地に行かない限り習得はなかなか難しいかもしれません。まずは大きな動機を持ちましょう！

5　もしも3000万円もらえたら？

最近、セミナー参加者との雑談の中で、どういう流れか「もしも3000万円をもらえたら、何に使うか」という話になり、結構、盛り上がりました。

いやあ、他愛のない話とはいえ、性格や生活が露《あら》わになるものです。

3000万円といったら大金ですが、あくまでも「もしも」の話。

どうせ架空の話ならパーッと景気よく使い切りたいところですよね。

それなのに、ある年代になると、マイホームやマイカーの購入資金、子供の教育費、そろそろ気になる親の介護など、「現実」という枠からなかなか自由になれません。

そういう僕だって、頭に浮かんだのは100万円を貯めるために苦労していた19歳の僕のこと。

当時の僕が「自由に使っていいよ」と3000万円をポンと渡されたら？

即座にブラジルに飛んで、現地で通訳とトレーナーと専門のシェフを雇い、トレーニングルームつきの戸建てを借りて……。あれ、足りない？

先入観や思い込みは足かせでしかない

では、今の僕が3000万円をもらえたら?

実は気になって3000万円で買えるものをいろいろ調べてみました。

おもしろいもの、楽しいものがいいなと探していたら、ぴったりのものを発見!

それは「観覧車」。


遊園地の定番の観覧車は、小型サイズであれば3000万円で買えるそうです。

マレーシアの自宅なら、庭に設置できるスペースもあります。

自宅に観覧車があったら、子供たちは大喜びすること間違いなし!

天気のいい日はゴンドラでおやつを食べたり、雨音を聞きながら読書したり、絶対にお気に入りの場所になると思います。

お客さんが来たときは最高のおもてなしになるはず。きっとひっきりなしに来客があるでしょう。


「もしも」の話なんだから、突拍子もないことでいいのです。

リアルでシビアな現実にとらわれたり、先入観や思い込みで、「これしかできない」「これじゃなければダメだ」と、自分の思考に制限をかけ始めると、行動の範囲も発想のサイズ感もどんどん小さくなっていくばかりです。

質の高い仕事をするためには、柔軟さと大胆さが必要です。

【ミッション達成のための仕事術⑤】

□先入観や思い込みを捨てる。

□柔軟に大胆に物事を見る。

↓

選択肢と可能性の両方が広がる。

CHAPTER 3

自分という斧を研ぐ

第3章

自分という斧を研ぐ

叶えたい理想、厳しい現実。
丸腰の自分では、切って捨てられるだけ。
理想と現実の狭間で精一杯もがく。もがく。
そうやって強靭な斧へと自分を研ぎ上げる。

1

僕たちが生きているのは「力」がなければ何も変えられない世界

「日本を変えたい」

「未来の子供たちが安心して挑戦できる社会にしたい」

「若者が自分の可能性を信じられる環境を整えたい」

「いい人が報われる社会にしたい」

政治家の街頭演説のフレーズのようですが、僕は心の底からそう思ってきました。


後ろ盾もパートナーもいない状態で起業した僕は、よくも悪くも失敗して誰かに迷惑がかかることもなかったので、ほとんどリスクなくビジネスをスタートできました。

そして今も、小さなリスクくらいであればあまり気にしません。

社会を変えられる。社会を本来あるべき姿に戻す。見たことのない世界を創れる。そんなポジティブな感情の延長線上にあるビジネスであれば、トライの価値ありと判断します。

僕のビジネスの目的は「人を前向きに変化させる」ことだからです。


僕がサッカー選手を引退してブラジルから戻ってきたのは２０１２年。

その頃の日本は震災の記憶がまだ生々しくて、辛いけどがんばろう、がんばるけど辛いと、耐えている状態だったと言えます。

僕は自分のセカンドキャリアもまだ定まらないうちから、「大人が夢を持ち、夢を語れる社会にしたい。そんな仕事をするんだ」と、ずっと思ってきました。

「きれい事」では現実に太刀打ちできない

日本を変えることが自分の使命だと、起業したばかりの頃から僕は真剣に、大真面目に考えていたのです。

ビジネスがほんの少し上手く回り始めてきて、ますます「日本を変える！　変えられる！」と勢いづいていていました。

僕は「夢はでっかく、でかい夢こそ口に出す」主義なので、「僕だったら日本をこう変える」という思いをしょっちゅう口にしていたのですが、そんな僕に、尊敬する経営者が強烈な一言を放ちました。

「きれい事言ってんじゃねえよ」

冷や水をぶっかけられたような気持ちになり、しかし直後には「きれい事を言って何が悪い！」と、反発心に激しく火がつきました。

僕のメラメラと燃える反発心に気がついた彼は畳みかけてきました。

「いいか、きれい事を言いたいなら、やりたいなら、まず金を持て。偉くなれ」

「金もない、偉くもないなら、どんなきれい事を言ったってお前に社会なんか変えられない」

「そんなことない！　見損なった！」

当時はそう思ったのですが、時間が経つにつれてよくわかりました。

彼は、力なき理想がいかに無意味なものか、よく知っていたのです。

世の中の仕組みをまだまだ理解していなかった僕に、理想の実現に必要なものをはっきりと示してくれたのだから、やっぱり尊敬できる方です。

当時の僕は全く納得していませんでしたが、時間が経過するうちに心境が変化します。やり取りから2年後には「彼の言ったことは、そんなに的外れじゃないぞ」と思うようになり、さらに3年後には「彼の言う通りだった、流石《さすが》すぎる」と脱帽したのでした。

「理想」に向かうなら、偉くなくても人はついてくるし、金がなくても社会は変えられる……。本気でそう信じていました。しかし違ったのです。

壁を壊すには「力」が絶対に必要なのです。

「きれい事」だけの人間は無力だ

せっかく働くなら、自分や家族、社員のことだけじゃなくて、社会を変えて、日本をさらによい場所にしたいと思ってます。

自分の仕事の到達点として、大きな理想を掲げることは仕事の原動力になるし、道に迷うことも減ります。

——理想の実現のためには「力（お金）」が必要だ。

そう割り切って仕事への向き合い方を変えてから、売上は3桁変わりました。きれい事を捨てたのではなく、むしろもっと真剣にきれい事を叶えるために思考を変えた結果、分厚い殻を破ることができたのです。

僕たちは「力」がなければ、何も変えることはできません。

子供が何か挑戦をしたいと言っても、「よし、応援するからがんばれ！」と背中を押せず子供に悲しい思いをさせてしまいます。

「力」がないと、自分のことを過小評価してしまいます。

「手取りが25万円だからランチは1000円まで。外食は月に1回。毎週末は無理だよね……」

「もう、年齢も年齢だし、新しいことにチャレンジするのは難しいよね……」

勝手に自分で低い基準を設けて、その中に自分を押し込めてしまっているのです。

なぜか日本人の多くは、「お金を稼ぐ」「地位を築く」ことに腰が引けてしまうようです。

「金儲け＝悪いこと・はしたないこと」のような思い込みがあり、「ガツガツするのはみっともない」と拒否感を持っています。

でも、自分の努力の結果「力を持つ」ことになって、何の問題があるでしょうか。

むしろあなたのようないい人が「力を持つ」べきなのです。

大丈夫、努力して得た「力」は必ず社会に還元していける。

「力」を持ってもいいかもしれない、と自分に許可を与えてあげましょう。

そして社会をよりよい場所に、一緒に変えていきましょう。

【自分を磨く方法①】

□きれい事だけでは変えられないものもある。

□理想の実現に必要な「力」を持つ。

↓

お金、地位などの「力」をネガティブに捉えない。

ネガティブに捉えた時点でそれらは入ってこない。

2 自分に自信が持てない理由

あなたは、自分に自信がありますか？

あるという方、ないという方、迷う方、いろいろだと思いますが、「自信はあったほうがいい」と誰しもが思うのではないでしょうか。

では、その自信は私たちに何をもたらしてくれるのか？

自信がないと「挑戦の機会」すら失う

自信を持つことで、僕たちには2つのメリットが生まれます。

ひとつは、「挑戦しようという心が生まれる」こと。

自信がなければ何かにトライしようとは思えません。

自信があるから「できるかもしれない」と期待が生まれ、挑戦に踏み出せます。

自信があれば「失敗しても大丈夫」と腹をくくれるので、挑戦を怖がりません。


結果、上手くいっても、上手くいかなくても、私たちは成長できるのです。

そしてその経験は、また次の挑戦につながります。


もうひとつのメリットは「言葉に力が増し加えられる」ことです。

これを実は、みんな見落としています。


僕が、言葉のひとつひとつに重みがあるなと思うのが、元大リーガーのイチローさん。

現役引退後はシアトル・マリナーズの会長付特別補佐兼インストラクターを務めながら、定期的に高校球児たちを指導しています。

イチローさんの野球指導は大きく報道されるので、画面を通じてその言葉に触れるのが楽しみです。

常に理論的で、非常にわかりやすい説明。

実績に裏打ちされたプレー理論を自信を持って伝えているので、静かな語り口でもひとつひとつの言葉に力が漲《みなぎ》っています。

「自信の量」で人を動かす力に差が出る

言葉に力があれば、人の心を動かすことができるようになります。

あなたが何かに挑戦するとき、発する言葉に力を込められれば多くの協力者が現れます。

発する言葉に力を込められれば、さまざまなチャンスが向こうからやって来るようにもなるでしょう。


人は言葉に込められた「力」に突き動かされるのです。

そして、力は熱として伝播していき、発した人から遠く離れた場所でも影響を及ぼします。


そして「その力」は「自信」から生まれるのです。

AさんとBさん、二人の人物がいて、同じ状況で同じ言葉を発したとき。

Aさんの言葉の力は1。Bさんの言葉の力は10。

時としてあからさまな差が出ます。

隠しようがないこの差は、AさんとBさんが培ってきた「自信の差」です。

誰だって、言葉に力を持つ人になりたいはずです。

自分に自信を持って生きていきたい人も多いはず。

でも、「自信」をつけるには時間がかかります。

イチローさんだって、プロのアスリートだって、僕らのようにビジネスをする人間だって、「自信をつけよう、はい、ついた！」なんて、簡単にはいきません。

そもそも「自信をつけるために行動」するのではなく、無心に何かに取り組むうちに、いつの間にか生まれるのが「自信」なのです。

自分との約束を破るたびに「自信」は消えていく

つけるのは大変な「自信」ですが、失うのが早いのもこの「自信」です。

自信を失う簡単な方法は「自分との約束を破る」ことです。

僕たちは、毎日の生活の中で、何かしらの約束を自分と交わしています。

――夕方にジムに行く。

――夏までに必ず5キロ痩せる。

――毎日22時までには必ず寝る。

思いつきのような小さな約束もあるかもしれません。

でも、思いつきでも、小さくても、その約束を破るとどうなるか。

例えば、友達に「あ、小銭がない。１００円貸して、明日返すから」と頼まれて貸してあげたとします。

でも、明日になっても明後日になっても友達は返してくれません。

たいした金額ではないし、お茶をご馳走したと思えば安いぐらいの額です。

けれども、「返すね」と約束しておきながら、軽く約束を破る人に対して、あなたはどんな印象を持ちますか？

今すぐ付き合いを断つほどではないかもしれません。

でも、なんとなく「深入りするのはやめておこう」と思うかもしれません。

個人的に食事や遊びに誘うのは、ちょっと気が進みません。

そんな相手に、今度は「10円貸して」と言われたら、どうしますか？

この前の100円よりも小さい額です。

でも、額の問題ではなく、約束を反故《ほご》にされるという不愉快な思いをしたくないから「あー、ごめん、小銭の持ち合わせないわ」と、断ってしまうかもしれません。


大きな約束は、お互いの間に緊張感がありますから、そうそう破られません。

つい破ってしまいがちな小さな約束こそ、むしろ守ることが「信じる」気持ちにつながるのです。


他の誰でもない、自分との約束も同じです。

自分との約束は、小さいほど深く考えずに破ってしまいがちです。

でも、どんなに小さかろうが約束は約束。約束を破り続けていくうちに、「どうせ守れないんだよ、俺は」と、無意識のうちに自分への自信がどんどん減っていってしまうのです。そのような状態で自分を売り込んでください、と言われても当然よいパフォーマンスをだすことはできません。

逆に考えると、自分との小さな約束をきっちり果たすことで、あなたの中に自信が生まれます。

小さな約束でいいのです。いえ、最初のうちは小さな約束がいいのです。自信をつけようと大きな約束をいきなり設定してはいけません。

また、大きな約束でも、細切れに守っていくという方法もあります。

例えば「15キロ痩せる！」と自分と約束したのなら、一気に15キロを落とすのではなく、1か月3キロずつ減らすことにして、毎月約束を果たしていけばよいのです。

守れることだけ約束することも、非常に大切なことです。

一日一日、小さくてもいいので意識的に自分と約束をし、その約束を守っていくことで、確かに自信は形成されます。そして、その自信があなたの言葉に「力」として宿るようになるのです。

あなたが発する言葉で、たくさんの人が心を動かすようになるでしょう。周りの人はあなたを「別人だね」とさえ評することでしょう。

【自分を磨く方法②】

□日々自分と小さな約束を交わす。

□小さな約束を確実に果たす。

↓

自信が生まれ、言葉に「力」が宿る。

自分を愛したいからこそ、自分と約束する

カッさんに弟子入りして間もない頃、職場の人たちに誘われてというか、なかば強引に飲みに連れて行かれたことがあります。

僕は飲酒ができる年齢でもなかったし、今でもお酒は飲みません。

彼らも、僕と飲みたかったのではなくて、ただ酒の肴に僕を小突き回したかっただけ。

「お前、ホントにブラジルに行けると思ってんの？」

「腹に肉ついてきたな。もう走れないだろ」

「1個も数字上げてないじゃん。貯金なんて本当にできているの？」

「そんな夢なんか諦めちゃえよ！」

もう散々な言われようです。

誰よりも年下でしたし、完全な実力社会ですから、数字を上げていない僕なんか物を言える雰囲気ではありません。

一人が茶化せば僕を除く皆がのけぞって大笑いし、負けじともっとひどいことを言う。

その繰り返し。タバコの煙を吹きかけられ、バカにされ続け、解放されたのは終電もとっくに終わった夜中の2時でした。

当時、僕の心をえぐってきたのは、職場の人たちだけではありませんでした。

高校卒業して6か月は経とうというのに、ブラジル行きの目処が立たない僕のことを、「石川は終わったなあ」「もう難しいだろう」と厳しい言葉を浴びせてくる高校時代の同級生もいました。

大学に行った友人は「大学生ってこんなに遊べるの⁉」と、びっくりするぐらい羽振りがよくて惨めな気持ちにもなりました。彼らが本当に輝いて見えました。羨ましくも思いました。

必死にもがいているのに全く先が見えない状況。

同年代は苦労もせずに青春を思いっ切り楽しんでいる。実際は苦労していたのかもしれませんが、当時の僕にはそう見えてしまっていました。

そんなとき飲み会で寄ってたかってバカにされて、ギリギリだった僕の心はついに崩壊しました。

当然タクシー代なんて払える余裕がなかった僕は、居酒屋を出て、真っ暗な夜道を一人泣きながら歩いて帰りました。

――俺だって一生懸命にやっているのに。夢を持つことはそんなにみっともないことなのか。他人に笑われバカにされることなのか。何も言い返すことのできない自分の今の結果にも恥ずかしい。

あふれる涙をぬぐいもせず、嗚咽をもらしながら歩いていると、車がスッと停まりました。

「おー、勇太！　乗れ。送ってやるよ」

偶然通りかかったカッさんでした。

誰とでもない、自分との約束を果たす人生

居酒屋に連れていかれたと話すと、そのメンツにカッさんは察することがあったのでしょう。

何があったのか聞いてきませんでした。

押し黙ったままの二人を乗せて、車は静かに夜の街を進みました。

そして建築中のタワマンの側を通ったときです。

それまで黙っていたカッさんが口を開きました。

「いいか、勇太。お前はあそこに住む人間だ。あいつらとは違う。夢に本気で向き合える人間はほんの一握りだ。逃げるな。今ここで逃げたら、一生逃げの人生になる」

当時、僕はカッさんが何を言っているのかわかりませんでした。

けれど、カッさんの言うことを信じたかった。一生逃げの人生なんて、そんなの嫌だ。そう思いました。

涙で顔をグシャグシャにしながら「できるまでやってやる、絶対にやってやる」と、自分と約束したのでした。

あのときの約束を果たせたことが、今に至るまでもずっとずっと僕を支えてくれています。

今の僕があるのは、あのとき「逃げなかった」からだと心の底から思っています。

だからあなたもいま、逃げないでほしい。

3　成功も失敗も引き受ける「イエスマン」だけが可能性を切り開く

ジム・キャリー主演の『イエスマン〝YES〟は人生のパスワード』という映画は、何に対しても「イエス」と答えることになった男性の物語です。

映画だから誇張はありますが、「イエス」で人生が大きく、そして明るく変わるという点は、僕たちのリアルな人生にもつながります。

「オープンマインドで、まずはやってみる」ことの可能性を示してくれる映画です。

英語習得のために観る映画を探している方にもお勧めしている一本です。

失敗しか招かない「口癖」

コンサルティングやセミナーで多くの方とお話すると「今の自分を変えたい、現状を上向きにしたいのに、どうも上手くいかないんです」という悩みをよく伺います。

お話していて「どうしてだろう」と僕は感じます。

前向きだし優秀さも伝わってきます。それなのに、どうして結果がついてこないのだろう。

ただ、その疑問の答えはちょっとした提案をすると見つかります。


「英語習得をやろうと思うんですが、どんな映画を観たらいいかわからなくて」

「お勧めは『イエスマン』ですよ！　楽しいコメディです」

「うーん、コメディは苦手なんですよね」


「最近、なかなか体の疲れが取れないんですよ」

「疲労回復には食べない、というのもいいですよ」

「あ〜、私、ファスティングに抵抗があって」


といった具合に、こちらが提案しても、すべて却下されてしまいます。

「イエスマン」の逆です。「完全なノーマン」。

自分の考えや経験にしがみついてしまって、学びに来ているにもかかわらず、他者からの提案を全て拒否してしまうのです。

他人の提案を受け入れたからといって、今までの自分を全否定することにはなりません。
でも、提案を受け入れないと、まずはやってみないと、絶対に未来は変わりません。
誰かからの提案を受け入れるかどうか迷ったときは「イエス」と答えてみましょう。

合い言葉は――。

「迷ったらイエス」

「ノー」の一言でぶった切ってしまっては、もしかしたら生まれたかもしれない「可能性」を、自分で潰してしまうことになります。
「拒否よりも賛同」「否定よりも肯定」で、あなたの未来は切り開かれていくのです。

「YES」は成功を引き寄せる言葉

1章で、お子さんの学資保険を解約してヘルスコーチのセミナーに申し込み、現在はバリバリ活躍しているYさんのことを紹介しました。

Yさんの成功の秘訣は徹底した「イエスマン」を貫いたことです。

セミナーが終わってすぐに、Yさんから深刻な相談を持ちかけられました。

「今すぐ売上げを上げげないとセミナーの受講料が払えないんです。どうしたらよいでしょうか」

そういう事情であれば、当然、コストはかけられません。

「僕の著書を自由に使ってください。例えば本の内容を12セッションに分けて、1つずつコーチングしてはどうでしょうか？　12セッションなら30万円で販売可能です」

このようにアドバイスをしても実際にやる人は少ないです。

ところが、Yさんは次の講座で「完成しました！　チェックお願いします！」と提出してきたのです。

驚きました。

その後もいろんな相談を受けましたが、それに対するこちらの提案に対して、いつも「はい！　やってみます！」と答え、本当にその通りに行動を積み重ねていったのです。

徹底したイエスマンを貫いた結果は1章でご紹介した通りです。

喜びある仕事をつくり上げ、クライアントさんからたくさん「ありがとう」を言われながらも大きな売上げを立てるに至ったのでした。

「イエス」という言葉の持つ、とてつもないパワーを教えてくれるサクセスストーリーです。


今と同じことをしていては、当然ながら仕事も暮らしも人生もよくなりません。

あなたは、「ああ、とにかく安全な人生だった」「怖いことは何一つない人生だった」と思って死んでいきたいですか？


イエスの数が増えれば、当然失敗の数も増えます。

「イエス！」と言って食べてみたら、お腹を壊すこともあるかもしれません。

「イエス！」と言ってやってみたら、ケガをしてしまうこともあるかもしれません。

でも、こうして失敗を増やすことで、初めて成功パターンを学んでいくことができます。

イエスマンになることは失敗を増やす行為です。

でも、成功の数を増やす行為でもあります。

全部を「ノー」と拒絶する人生はつまらないし、本当にもったいない。

「イエス」の数だけ、失敗も成功も、そして豊かな思い出も増えていくのです。

明日は全てに「ノー」と言う一日を過ごしてください。

そして、明後日は全てに「イエス」と言ってみましょう。

強烈なコントラストに、「イエスマン」であることの可能性、あなた自身が持つ本当の「価値」を実感できるはずです。

他にも「イエスマン」になって人生が大きく変わった人はたくさんいます。


【自分を磨く方法③】
□迷ったら「イエス」。
□全てをノーと拒否する一日を過ごす。
□全てをイエスと受け入れる一日を過ごす。

←成功とリスクの両方を引き受ける覚悟で「イエスマン」になる。

4 思い込みの「レッテル」から自由になってスピードを上げる

ジャンル、年齢にかかわらず、成功者は「スピードが速い」という共通点があります。

1日24時間は誰にも等しく与えられていますが、その24時間のうち仕事に充てられるのは8時間としましょう。

成功する人たちは、その8時間を超スピードで駆け抜けて実に濃密な時間としています。

圧倒的なスピードで決断・実行するので、1日かかるような仕事を半日で、ヘタをすると1時間ですませ、バッサバッサと仕事をさばいていくのです。

経験を積むにはスピードが必須

実際に一緒に仕事をしなくても、その人がどのように仕事を進めるのか判断したい場合は、「この本、いいんですよ」と、気に入った本の話題を出してみましょう。

「へー」で終わる人だと、この人との仕事は慎重に進めたほうがいいかもしれません。

「誰が書いているんですか」
「どんな話なんですか」
と、話題を広げてくれる人なら、無難に仕事をこなしてくれる可能性が高いでしょう。

「すごくできる人」はというと、スピード感が全く違います。タイトルを聞くやいなやすぐにスマホで注文し、移動時間にダウンロードした本を読んで、翌朝にはメールやLINEで感想を送ってきます。

締め切りがないこと、ペナルティがないことに対してこんな見事なスタートダッシュをするなんて、なかなかできることではありません。

スピードは優れた能力のひとつですから、僕のコンサルティングではスピード感を身につけてもらうためのタスクを出して、ちょっと煽ることがあります。

「その情報はすぐSNSで発信しておきましょう」

「すぐ3人の方にアプローチしてみましょう」

同じタスクでも取りかかって終了するまでに個人差が出るのは、「すぐ」の時間設定が人によって1時間後だったり、半日後だったり、明日中だったりとまちまちだからです。

こちらが出したタスクを即座に実行する人は、そのうち、こちらが提案する前に動き出すようになります。

そして、自分自身が立てた目標をいずれ必ず達成します。

一方、タスクに取りかかるまでに時間がかかってしまう人は、いつまでも「先延ばし」する傾向があります。

アクションを起こさなければ失敗することはありませんが、もちろん成功もしません。

失敗の速さが変わると改善の速さが変わり、改善の速さが変われば成功の速さも変わるのです。

「スピード」は経験値を高める必須条件と言えます。

あなたが自分に貼った「レッテル」が、あなたのブレーキになっている

その場で即実行ができない理由として、「私は○○だから」と自分で自分にレッテルを貼ってしまっている人がいます。

「自分はサラリーマンだから」
「僕はフリーターだから」
「社会人経験がない主婦だから」

「○○だからできない」の「○○」は、自分を守るためのレッテルです。厳しいことを言うと、スピードを発揮できない言い訳でしかありません。スピード感がある人＝成功する人は、滅多にブレーキを踏みません。だからスピード感が半端ないのです。

自分で自分に貼ったレッテルは、あなたのブレーキにしかなりません。

レッテルを剥がして、アクセルを踏み込んでみましょう。

【自分を磨く方法④】
□行動に躊躇しない、即実行。
□行動のブレーキになるレッテルを剥がす。
↓
成功スピードが上がる。

5 「体」から「心の元気」をつくる

「病は気から」と諺にあるように、体と心は確かにつながっていて、互いに影響を与え合う関係です。

とはいうものの、体調不良や病気を気力で治そうとするのは、ちょっと難しい。

確かに気力で乗り切れることはあります。

乗り切らないといけない緊急事態もあります。

でも、誰でもどんな病気にでも有効かというとかなり限定的です。

反対に「体」で「心」を変えていくことは可能です。

無形資産の大切さ・蓄え方を知っていただくことがテーマの本書では、あなたの今までを「変える」ため、「○○を無形資産にする方法」をいくつも提案しています。

せっかく実践しても「すぐに結果が出ない」「イメージと違った」と、イマイチ気分が上がらないときがあるはずです。

スピード感を持って取り組めば、数をこなせる分、失敗も増えます。

失敗って、慣れないうちは後を引くものです。

落ち込みそうなときもあります。もうやめちゃおうかなと諦めたくもなります。

そんなときどうするか？

一度、対象と距離を取ること。

気分がネガティブに流れたときは、とにかく体を動かすことです。

気分が落ちたときこそ運動を。

あなたを別の次元に連れて行ってくれる運動を紹介します。

①天を仰いで万歳ポーズ

全身を伸ばすように万歳をして、顔を真上に向けましょう。

人は落ち込んだらうつむきます。地面を見つめながら口から出てくる言葉は、恨み辛みや愚痴ばかりです。

でも、まっすぐ前を見るとネガティブな言葉は引っ込みます。

さらに視線を真上に移してみれば、不思議なほど前向きな気分になるものなのです。

セミナーやコンサルティングで、僕は「万歳ポーズ」をよくお勧めしています。

実際に、真上に顔を向けた万歳ポーズを取って「俺はダメなヤツだ〜、ダメ人間だ」と言ってみるのですが、もう毎回、動作と台詞のギャップに我ながら馬鹿馬鹿しくなって、参加者たちも噴き出しています。どんなネガティブな台詞も、万歳ポーズで口にすると深刻になるどころかジョークになってしまうのです。

落ち込んだときこそ「万歳ポーズ」を。

深刻さを笑いで吹き飛ばして打開するって、かっこいいですよね。

②軽やかにスキップ

簡単すぎて申し訳ないです。

子供の頃は心が弾むと自然とスキップしたものです。友達と手をつないだりしてね。

大人になると、すっかりスキップと縁遠くなるのはなぜなんでしょうね。

ちょっとこの本を置いて、何十年ぶりかでスキップをしてみましょうか。

どうです？　久々にスキップすると、おっかなびっくりのギクシャクした動きで、ちょっと笑ってしまいませんか？　なんだか楽しい気分になりますよね。

「あー、イライラする」というときは、立ち上がって腰に手を当て、膝を高く上げてスキップ！

自宅の廊下をスキップで一往復するだけで、気持ちは見事に切り替わります。

運動が心を幸せにするのは100%間違いない

日常的に運動をしていると、ストレスのダメージを受けにくく、ストレスをためない体質になれます。

運動をすると、精神を安定させるセロトニンやβ-エンドルフィンといったホルモンが分泌されるからです。

「幸せホルモン」の別名があるセロトニンはストレス耐性を高める作用があり、脳を活性化させてくれるので、発想力や思考力の向上が期待できます。

β-エンドルフィンはリラックス効果がある他、免疫力を高める作用もあるので感染症予防にもつながります。

運動で筋力がアップすると代謝もアップして、太りにくく痩せやすい体になっていきます。万病の原因である「肥満」を遠ざけることができ、病気リスクをグッと下げられるのです。

代謝が上昇するとデトックスも活発化するので、老廃物が速やかに排出されクリーンな体内を保てます。

と、いろいろな効能を述べましたが、運動の魅力は単純明快。
とんでもなくスカッとできる！
これだけで取り組む理由には十分だと思います。

【自分を磨く方法⑤】
□落ち込んだら「万歳ポーズ」。
□気分の切り替えに「スキップ」
□運動を日課にする。
←
ストレス耐性がアップ。

6 ここぞというときに「食べないもの」

天才棋士・藤井聡太さんの登場によって将棋界が注目を集めるようになり、藤井さんの対局では必ず「勝負飯」「勝負おやつ」が話題になります。

受験、試合、仕事のプレゼンなど、大一番の前に験担《げんかつ》ぎで「カツ（勝つ）丼」を食べる人もいるように、ここぞというときに「勝負飯」で気合いを入れることは珍しくありません。

でも、僕は逆。

ここぞというときに、力を100％発揮するため「食べないもの」を2つ決めているのです。

それが、悪質な小麦粉と質の悪いアブラ。

安くてすぐお腹いっぱいになるパスタやピザは、ブラジル時代はしょっちゅう食べていました。

サッカーのプレーに影響があったはずですが、当時は知識もなく、お金もないので背に腹は代えられず食べるしかありませんでした。

今は滅多に口にしませんが、たまに悪質な小麦粉を摂ると胃もたれはするし頭も上手く働かなくなります。集中力・思考力ともにガクッと落ちボーッとした感じになって、その倦怠感は全身にまで広がります。

肌荒れも起こすので、セミナーやコンサルティングがあるときは絶対食べません。

「健康」をビジネスの軸のひとつとしているのに、防げるはずの健康トラブルを防げないのはみっともないし、不十分なコンディションで仕事に臨むなんて失礼をしたくはないからです。

質の悪いアブラは我が家からは可能な限り排除しているので、外食のときに気をつければ体に入れることはありません。外食では揚げ物を避け、サラダのドレッシングや各種ソースを使わないことで自衛しています。

パフォーマンスを落とす糖質を避ける

人類は糖が大好きです。

好きすぎて中毒になっているほどです。

人類が農耕の技術を得て、安定して穀物を栽培できるようになったときから人類は糖質の虜なのです。

飢えからの解放に安堵を感じながら、糖質が脳に与える「快楽」に溺れた……と言うと大袈裟ですが、確かに糖質は人間の「脳」をたぶらかしてきます。

糖質を摂取すると脳から快楽ホルモンとも呼ばれるドーパミンが放出され、人間は幸福感に包まれます。

しかし、この幸福感は長くは続きません。

糖質で上がった血糖値を下げるため、インスリンが作用し始めるからです。

インスリンで血糖値が下がると、またすぐに甘い物を食べたくなってしまいます。立派な糖質中毒です。

糖質中毒になると血糖値の乱高下によって血管がダメージを受ける他、肥満、生活習慣病、ガン、イライラや不安、不眠といった症状も現れます。

人間にとって必要な栄養素ですが、糖質は慎重に摂るべきです。

中毒性が高く健康被害があるにもかかわらず麻薬のように規制されていません。簡単に手に入り欲求に流されるまま際限なく食べることができるのですから、食品に含まれる糖質を気にする習慣をつけておきましょう。

糖質は極力減らし、脂質は厳選する石川流食事術

僕の健康維持の基本は「運動」。

運動は、心身の両面にガッツリ効きます。

心肺機能の向上、筋力増強による代謝アップ、排泄の活性化からデトックス促進と身体面でプラスになるだけでなく、血流が増えて脳が活性化し、集中力の維持、ひらめきが冴えるなどのメリットも実感できます。

日々の運動に、独自の食事スタイルで健康をキープしています。

プロアスリートだったので、食事でパフォーマンスが変わることはよく知っています。自分の体を使ってあれこれ実験した結果、行き着いた今現在の食生活はかなりオリジナリティーが高いスタイル。

人は皆、異なる遺伝子を持ち、異なる環境で生きているので、自分の体で実験して「ベスト」を探していくとよいでしょう。

さて、僕の「オリジナリティーあふれる食生活」というと、まず、午前中は基本的に何

も食べません。

ランチタイムには食事を摂る代わりに運動をします。空きっ腹でご飯の代わりに運動。まれにどうしても力が出ないときは、干し芋を食べたり、軽めの炭水化物（ライスをごく少量）をつまみます。

運動でリフレッシュしたら午後の活動スタート。どうしてもお腹が空いたときは、ココナッツオイル入りのティーといった良質なアブラ入りの飲料を摂ります。「よいアブラ」と、健康を損なう「悪いアブラ」を表にまとめたので参考にしてください。

手前味噌ですが、我が社で販売している「スーパーグリーンズ」というドリンクはお腹にもたれず栄養補給できるので愛飲しています。

自社製品以外では、パーフェクトミール系の栄養ドリンクをあれこれ試すのが好き。飲料選びのポイントは糖質がほとんど入っていないこと。

摂取後に血糖値が乱高下する「血糖値スパイク」を起こすため、糖質の高いものは避けるようにしています。眠くなったりだるくなったり、仕事の能率がガクッと下がるからです。糖質が入っていなくても、糖質より毒である人工甘味料が入っていないかどうかも確認が必要です。

一日の中で「ガッツリとした食事」は夕食だけです。メニューはシェフにお任せ。栄養面でも味の面でも文句なしの料理を、家族と団欒しながら楽しく味わっています。

図表1　体によいアブラと悪いアブラ

アメリカでは健康被害の大きさから、食品にトランス脂肪酸を含めることが禁止された。ココナッツオイルとオーガニックの牧草牛の搾乳品は、加熱しても酸化の心配はない。純粋なオリーブオイルは辛味とフルーティーな香りが特徴。

体に悪いアブラ	体によいアブラ
マーガリン	アボカドオイル
バターの代用品	バターとギー
搾乳品でないクリーム	オーガニックバター （牧草牛から採れた生バターが理想）
キャノーラオイル	ココナッツオイル
ピーナッツオイル	エキストラバージンオリーブオイル
ショートニング	精製された魚の油（オメガ3脂肪酸）
精製油	ナッツと種
コーン油	卵
コットンシード油	グラスフェッドビーフ
なたね油	グラスフェッド牛の搾乳品
紅花油	MCT（中鎖脂肪酸）オイル
水素油	
大豆油	
植物油　ダークチョコレート	

（『「年収」を激変させたいなら、「食事」を変えなさい』石川勇太 /JMC）

【自分を磨く方法⑥】

□糖質、悪質な小麦、アブラを控える。

□良質なアブラを摂る。

←

疲れにくく集中力が持続する。

ラーメンとサプリメント

「小麦粉と質の悪いアブラは摂りません！」と威勢よく書きました。が、告白させてください。僕は「ラーメン」が大好きです。言うまでもありませんが、パフォーマンスを落とす「小麦粉」と「質の悪いアブラ」が強力タッグを組んだ極悪メニューです。

でも、国民的大人気メニューでもありB級グルメの王者でもあり、体育会系男子の大好物メニューナンバーワン（多分）でもあります。

マレーシアに住んでよかったなと思うのは、ラーメン屋さんが少ないこと（笑）。日本にいたらいったい月に何回ラーメン屋さんに通っていたことか……。

予防医学では「食（栄養）」の知識は必須ですから、ラーメンを食べたら僕の体の中で何が起きてしまうのかよく理解しています。

でも、仕事で日本に来るとフラフラと……。これでもだいぶ回数を減らすことはできましたが。

ラーメンはおいしい。本当においしい。

ただ、食べたあとは罪悪感と体調悪化にとらわれてしまう。

食べなければいいのですが、僕のラーメン愛はそんなに簡単に断ち切れるものではありません。

そこで僕は考えました。

「健康的なラーメンをつくればいいんだ！」

グルテンフリー、あるいは安全な全粒粉でできた麺、スープも煮卵も平飼い（放し飼い）の鶏を使い、仕上げにMCTオイルを一回しして「さあ召し上がれ」。

「ラーメン石川家」はまだまだ僕の妄想段階ですが、「自分が欲しい、社会の役に立つ」は僕にとって新しいプロジェクトのゴーサインです。

そうやってスタートしたのがサプリメントの開発でした。

自分が納得できる成分・クオリティで、家族に安心して勧められるサプリメントをつくりたい。

その思いは3年の時をかけてやっと成就しました。
僕や僕の大事な人たちの健康を安心して預けられるクリニックも開院しました。
近い将来「ラーメン石川家」オープンの暁には、ぜひご来店ください。

サプリメント＋朝日＋運動でその日のパワーをチャージ

サプリメントの話題が出たので、ついでに摂取タイミングについて触れておきたいと思います。
さまざまな効能を謳ったサプリメントがありますが、もし栄養系サプリ系の摂取タイミングについてただし書きがないなら、実は運動直前に摂るのがお勧め。運動で促進された血流に乗って、サプリメントの有効成分が全身に巡り始めるからです。

その運動はいつするのがよいかというと、やっぱり一日の始まりの朝！
15分ほどの軽いウォーキングでもいいです。
どんな運動でも、ポイントは朝日を浴びること。

朝日を浴びる健康効果はすごいです。

副交感神経から交感神経へスムーズに切り替わり、自律神経を整えることができます。ビタミンDが生成され、免疫力も高めることができます。

朝日のパワーで体がパキッと覚醒モードに入ると、少しくらい残っていた前日の疲労もすっかり吹き飛んでしまいます。

7　良質な睡眠のために「していること」「しないこと」

ＯＥＣＤ（経済協力開発機構）の睡眠時間の調査（２０２１年版）では、日本人の睡眠時間は7時間22分。33か国中で最も短くなっています。

僕がこの数字を話すと結構な確率で「意外と寝てるんですね」と返されることが多いので、気になって厚生労働省の『令和元年　国民健康・栄養調査結果の概要』を調べてみました。

それによると1日の平均睡眠時間は6時間以上7時間未満の割合が最も高く、男性32・7％、女性36・2％。6時間未満の割合は男性37・5％、女性40・6％という結果でした。

以前は「理想の睡眠時間は8時間」とされていましたが、必要な睡眠時間には個人差があるので一概に「〇時間以上は寝ること」とは言えません。

ただし、このような方は睡眠が足りていない可能性大。

□休日は平日より2時間長く寝ている。
□日中に強い眠気に襲われる。
□眠気によって集中力、判断力、記憶力が低下する。

睡眠確保のために暮らしを見直してみたほうがいいかもしれません。

睡眠不足は慢性疲労へとつながるからです。

今日の疲れを今日のうちに解消するためには、心身の休息時間である睡眠の質を向上させる必要があります。

ＡＩが台頭し作業のＩＴ化が進むと、人間がタッチできる分野はだんだん縮小していきます。成功を手にするためには数少ない勝負の場で確実に白星を挙げなくてはいけません。

ここぞというときに自分の力を１００％発揮するためには、心身のコンディションを万全にしておく必要があります。

そこでポイントとなるのが「睡眠」なのです。

これからの時代は「睡眠」が勝敗を決める、というのが僕の予想です。

「氷風呂」で逆境をつくってみる

いち早く睡眠とパフォーマンスの関連性に注目していたのが、アスリートの世界です。

「睡眠の質」が勝敗に関わることは常識となっており、海外遠征の際に愛用のマットを持参する選手もいるほどです。

枕や布団に凝ったり、寝室の照明や香りに気を配ったり、僕もいろんなことを試してみましたが、最も効果を実感しているもののひとつが「氷風呂」。

水風呂ではなく、「氷」です。

バスタブに張った水に大量の「氷」を入れて2度～6度の水温にし、そこに4分浸かります。

読んでいるだけでゾワゾワしますか？

体がビリビリ痛むぐらい冷たいです。

「よっしゃ！」と気合いを入れないとバスタブに入れません。

氷風呂の準備には手間がかかるのですが（水温が高いマレーシアでは氷が大量に必要！）、いざ準備ができても、毎回、ちょっとためらってしまいます。

ただ、効果はてきめん。

最初の痛みが鎮まってくると、体の芯から熱を発するような感覚があります。

氷風呂から上がったあとは、達成感と幸福感、リフレッシュ感と心地よい虚脱感に包まれ、こういう感覚を一気に得られるのは、僕が知る限りでは氷風呂がトップです。

氷風呂に入ると、リラックスの神経である副交感神経が優位になります。精神を安定させるセロトニン、痛みを和らげるβ-エンドルフィン、「愛情ホルモン」の別名を持ちストレス緩和作用のあるオキシトシンなどが分泌されます。

これは「氷風呂」という激しい刺激に対処しようする反応です。

人間の力は本当に強く素晴らしいもので、逆境にぶち当たると、なんとか打開しようとするんですね。氷風呂は人間の体の「打開力」を引き出す「装置」と言ってよいでしょう。

週に3回は氷風呂に入るようになってから、「スムーズな入眠、深い眠り、自然な目覚め」と、理想的な「睡眠」になっています。

その結果、心身がかなりクリアになりました。

仕事でもサッカーでもパフォーマンスが上がり、嬉しいのがサッカーでケガをしなくなったこと。

今までちょこちょこケガをしても「スポーツはこんなもの」と流していたのですが、いつの間にか蓄積された疲労がケガを誘因していたのです。

氷風呂はすっかり僕の日課のひとつですが、冷たすぎない温度のときは子供たちとも「うわ、めっちゃ冷たいね！」と、楽しみながら入っています。これもまた幸せな家族の時間です。

氷風呂は自宅のバスタブに氷をガラガラ入れるだけでＯＫ。マレーシアと違って冷水が出る日本なら、準備の手間もそれほどないはず。初めての場合は、16度前後から体を慣らしていってもいいですね。

スポーツでもビジネスでも、経営者でも勤め人でも、お金をもらっている以上は「プロ」。プロフェショナルの職業人であることを意識すると仕事が楽しくなっていき、食事や体調管理にも自然と意識が向きます。

氷風呂で睡眠の質を上げることも「プロフェッショナルとしての心構え」のひとつ。ぜひ試してみてください（ただし、身体的に問題のない方のみ。不調や病気を抱えている方にはお勧めしません）。

寝る前には食べない、スマホを身近に置かない

消化吸収は内臓にかなり負担をかける作業です。1日3食をガッツリ食べていると、消化が終わる前に次々と食べ物が入ってくるので、胃腸は休むヒマがありません。

日本は世界的にも美食の国として知られていますが、B級から高級まであらゆる食を選び放題・食べ放題だと、どうしても胃腸は疲れ切ってしまいます。

ファスティングがブームになっているのは「食べる」ことの負担の大きさに、現代人の内臓が悲鳴を上げ始めてきたからですね。

「睡眠」は内臓を休ませる時間でもありますから、最低でもベッドに入る3時間前には固形物を摂らないようにしましょう。

なんとなく小腹が空いて、「ちょっとぐらい」「今日ぐらい」とつまんでしまうと、寝るモードの内臓が無理矢理働かされ、体はたいへん疲れます。内臓も寝ぼけながらの深夜勤務になるので、消化吸収も不十分で、消化も睡眠もどちらも中途半端な状態になってしまうのです。

目の前にあるとどうしても誘惑に流されそうになるので、寝る3時間前に歯磨きをしちゃ

うのも手です。「食べられない状況」をつくって、誘惑との戦いに先手を取れます。

「寝スマホ」は脳にバグを起こす

食べ物と同じように寝る前に僕が遠ざけているのが「スマホ」です。

朝日が心身を目覚めさせるように。スマホの発する光（ブルーライト）も人間を覚醒させる作用があります。

「まぶしいところで眠れない」と部屋の電気は消すのに、布団にくるまってスマホを眺めるのは、大きな矛盾です。

ブルーライトは多方向に拡散する性質を持っているため、いくらディスプレイの光量を落としても目にとっては強い刺激。目のかすれ、かゆみ、痛みなどのトラブルを引き起こします。長時間浴びると、網膜や角膜の細胞のターンオーバーも乱れてしまいます。

太陽光にもブルーライトは含まれていて、人間は太陽光のブルーライトを感知することで体内時計を調整しています。「寝スマホ」でブルーライトを浴びると、体は起きるべきか眠るべきか混乱し、どっちつかずの中途半端な睡眠になってしまいます。

「あ～、寝た気がしないわ」というのは、気のせいではなくブルーライトの作用なのです。

スマホでアクセスできるサービスは非常に魅力的です。僕たちを「依存」させるためにプロが全身全霊でつくっているのですから当然です。

例えば無料のゲーム。利用者の心理を膨大なデータから正確に予測しているので、「ここぞ」というタイミングで「課金」へと導きます。

じらし、くすぐり、突き放して、手を差し伸べる。快・不快をしっかり掌握され、いつの間にかスマホ依存になってしまうのです。

もうスマホの虜です。寝ても覚めてもスマホといたい。

「寝スマホは脳を覚醒させる」と指摘されても全く耳に入りません。

それどころか「いや、自分はちゃんと眠れているし」と、納得しません。

寝スマホからの寝落ちで本当によく眠れていると思うのなら、脳がバグっている証拠かもしれません。もっと上の世界を感じてみましょう。

令和時代に生きる僕たちにとって、「寝スマホ」は最も大きな健康障害と言っても過言ではないでしょう。

【自分を磨く方法⑦】

□氷風呂で体に強い刺激を与える。
□寝る3時間前までに食事はすませる。
□寝スマホはしない。

←

睡眠の質を上げると圧倒的にパフォーマンスが上がる。

図表2　寝る前に布団でスマホを使う割合

寝る前に布団でスマホを使う人は全体の6割超となっている。なかでも20代女性は約9割と「寝スマホ」が当たり前となっている。

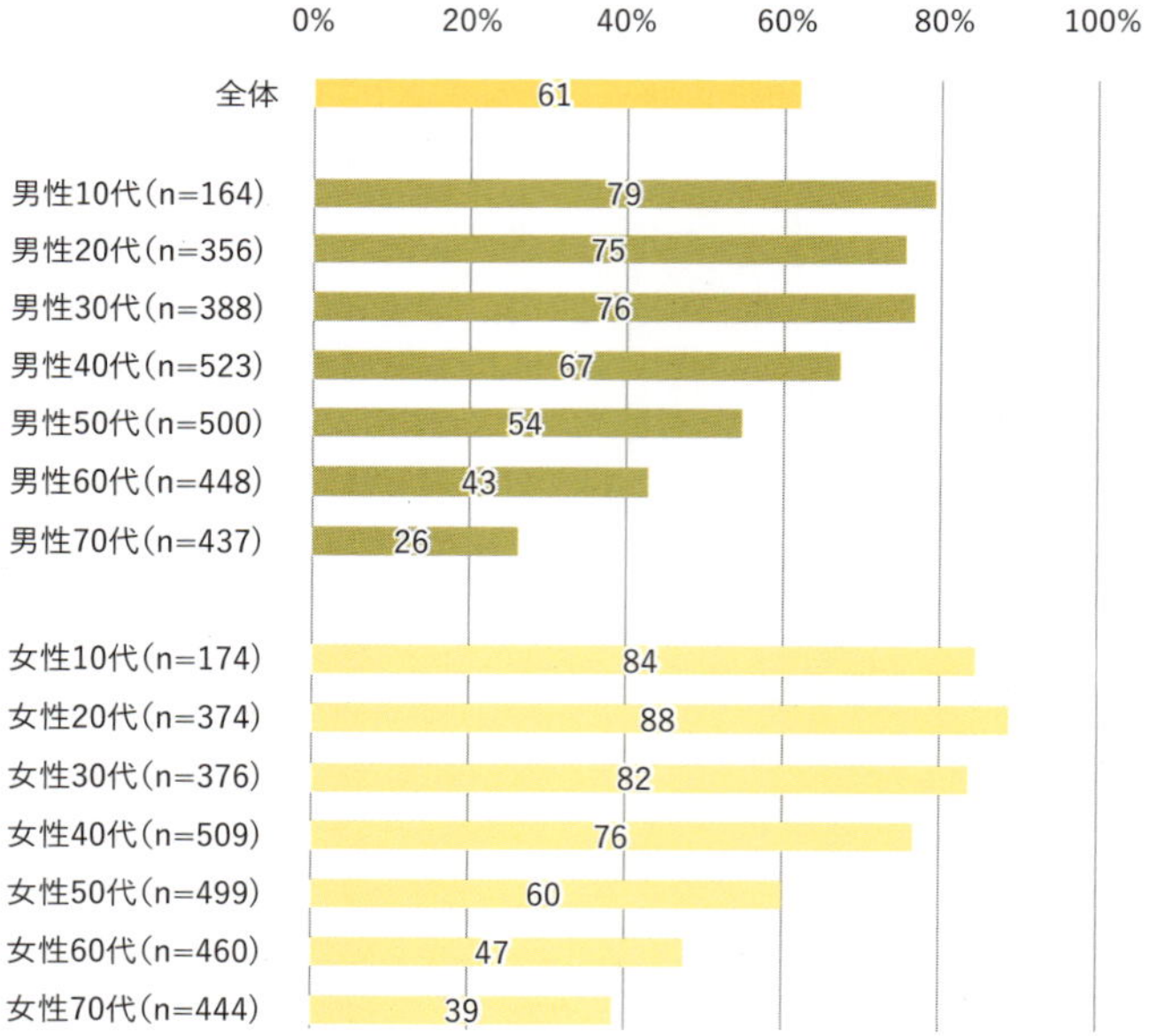

(２０２３年２月　ＮＴＴドコモ調査)

CHAPTER 4

遊び・学び・癒やしをくれる「家族」

第4章

遊び・学び・癒やしをくれる「家族」

マレーシア移住の決め手のひとつが、子供たちの存在。
4人の子供たちの笑い声は、南国の青空によく似合う。
遊びに全力で付き合う僕も、いつの間にか同じ声で笑っている。

1 ビジネスチャンスをつかむのは「仕事＜家庭」の人

数年前のことです。アメリカの著名な起業家が、日本でビジネス展開するためにパートナーを探しているというウワサを耳にしました。

「おお、あの人がついに日本進出するんだ」

起業家が集まるフランクな会合や、一般には公開されないハイレベルなビジネスセミナーなどで何度か会ったことのある方だったのです。

超有名人ですが偉ぶったところはなく、すっかりリラックスした僕は仕事や家族のことを気軽に話した記憶がありました。

すでに何社も熱心なアタックをかけているとのことで、「へー、いい感じで進むといいね。時間あれば日本で会えるといいな」と、その話はそれで終わりのつもりだったのですが、数日後、ご本人から連絡がありました。

「日本でのビジネス展開を考えている。ぜひ、勇太に一緒にやってほしい」

家族を犠牲にするとビジネスチャンスを逃す時代

日本で何人ものビジネスマンに会った彼が、僕を選んでくれた理由を聞いてみると「2つある」と答えてくれました。

まずはビジネスの実績。

彼の展開したいビジネスに僕のスキルがプラスになると判断してくれたのでした。

実力がある人から認められることは最高のご褒美です。

そしてもうひとつ。これが衝撃でした。

「勇太がファミリーマンだということだ」

全く予期せぬ答えでしたが、これまたとても嬉しい言葉でした。

会合やセミナーで気軽に話したつもりなのは、僕だけだったのか。彼はそのときから面接のつもりだったのか。その後、彼とのビジネスは売上総額10億円以上を生み出しました。


僕らより上の世代、今の50代以降は「自分を犠牲にしてナンボ、家族を顧みないのは当たり前」という価値観の人が多く、それは個人の自由ですが「仕事最優先こそ正義！」のように他者にも強要する風潮があったと聞きます。

そのＤＮＡを引き継ぐ人たちは令和の今も生息していて、家族を含めた自分の暮らしに重きを置く生き方・働き方には否定的です。

どちらが正しいか、ここでジャッジするつもりはありませんが、僕のケースに限って言えば「ファミリーマン」でもあることがビジネス上の信頼につながりました。

海外でビジネス展開する上でネックだった物理的な距離も、インターネットの普及でかなり軽減されています。

コミュニケーションの問題も翻訳ツールの発展でクリアされつつあります。読者の皆さんなら、第2章【コラム】「ビジネスで使う語学は独学でマスターできる」を実践していただければいいですね。

今後、海外にビジネス展開していくチャンスはどんどん広がっていくと思います。

そのとき、家族を犠牲にする姿を見られていては、ビジネスチャンスが遠のく可能性があるようです。

反対に「ファミリーマン」であるあなたにとってはチャンスの時代かもしれません。

【家族がもたらしてくれるもの①】

□家族の時間を大事にする。

□家庭を人生の優先事項にする。

↓

ファミリーマンだから得られる「信頼」「ビジネスチャンス」を勝ち取ることができる。

2 亭主関白の思考が「爆弾」になる時代

博報堂生活総合研究所は、1988年から10年ごとに、サラリーマン世帯の夫婦に、同じ質問に答えてもらう「家族調査」を実施しています。

1998年、2008年と続き、直近が2018年。30年も続いているすごい調査で、調査スタート時の30年前と現在との違いはもちろん、夫婦の感覚の違いも露《あら》わになっています。

さて、ここで紹介したいのは「理想の夫婦像」の変遷についてです。

1988年当時、夫の約半数は「亭主関白」が理想と答えていますが、妻の8割弱は「友達夫婦」を望んでいます。

30年後に結果がどう変わったかというと、亭主関白を望む夫は2割弱に減りました。妻のほうはというと「友達夫婦」は横ばいですが、「亭主関白」を望むのは30年前の約半数に減っています。

この調査では「理想の夫婦像」の男女差も興味深いのですが、「理想の夫婦像」と「現実の夫婦像」のギャップも味わい深いものがあります。アンケート結果を掲載しますので、ぜひ比較してみてください。

図表３　「理想の夫婦像」と「現実の夫婦像」

日本の夫婦関係は、理想と現実の両方で「友達夫婦」が主流になっている。

■理想の夫婦像

Q　あなたにとって理想の夫婦像は、どのタイプにもっとも近いでしょうか。
（亭主関白／友達夫婦／カカア天下 からひとつ選択）※夫の回答（630人）妻の回答（630人）

夫

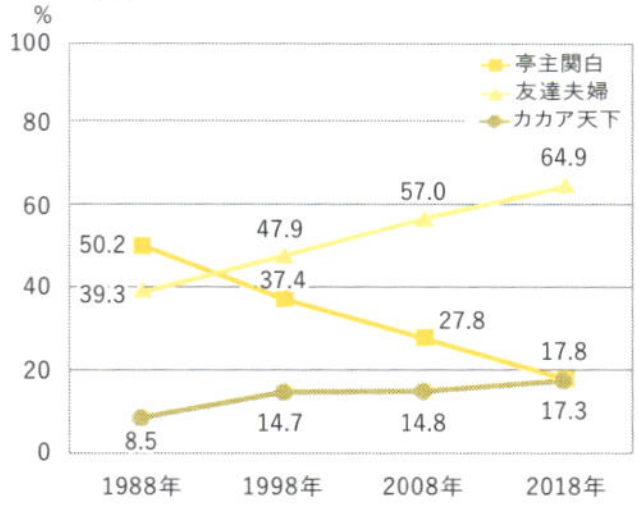

妻

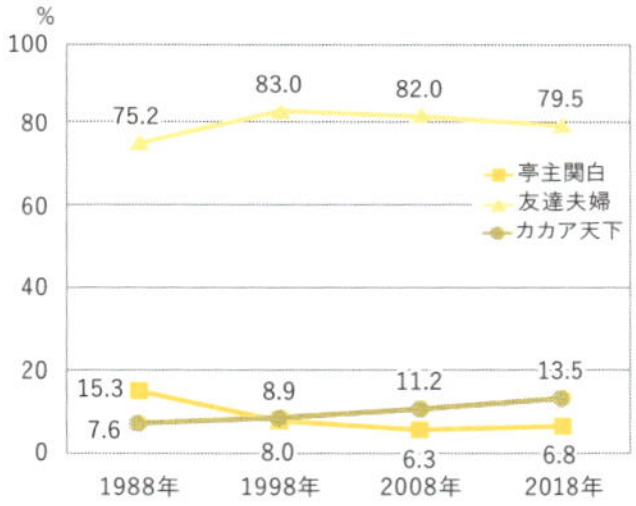

■現実の夫婦像

Q　あなたにとって現実の夫婦像は、どのタイプにもっとも近いでしょうか。
（亭主関白／友達夫婦／カカア天下 からひとつ選択）※夫の回答（630人）妻の回答（630人）

夫

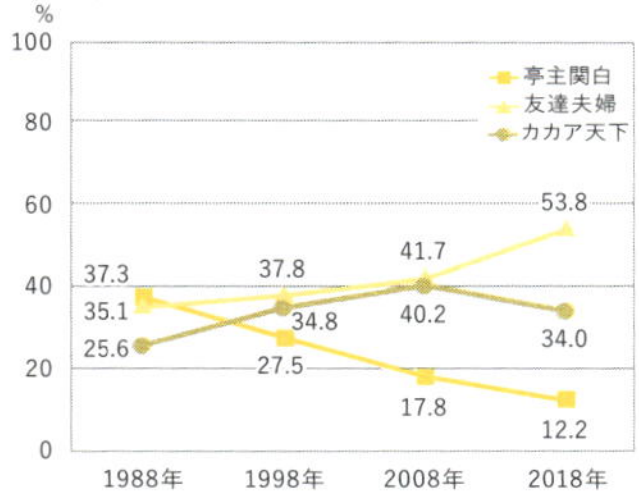

妻

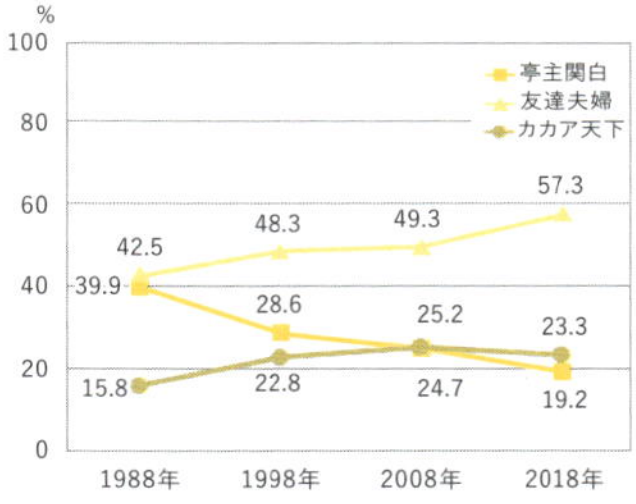

（博報堂生活総合研究所「家族30年変化」調査結果）

「亭主関白」は信用されない時代

女性の社会進出が進み、20~30代の若い世代では専業主婦の割合がどんどん減っています。

有能な女性はバリバリ稼ぎますから、「亭主関白男」の決め台詞「誰のおかげで飯が食えるんだ!」という暴論は成り立たないのかもしれません。なんなら稼いでいるのも妻、毎日夕食をつくってくれるのも妻である場合だと、実はいろんな意味で食べさせてもらっているのは旦那のほうになってしまうからです。

日頃から妻を下に見る夫は、仕事でも上下関係にこだわり独善的で柔軟性に欠けます。「ファミリーマン」の対極にある「亭主関白」は、一緒に働くと苦労しそうですよね。苦労どころか、ヘタをすると組織を吹っ飛ばす爆弾になりかねません。ハラスメントへのハードルが日常的に低いのですから。

コンプライアンスの意識が広まり、ハラスメントに厳しい目が向けられるこの時代、賢明な経営者なら爆弾のような存在は避けることでしょう。

確かに夫婦で意見がぶつかることとは、時にはあるかもしれません。

しかし夫婦間の「違い」に歩み寄って均衡点を探ることで、新しいスタイル、我が家なりの夫婦のあり方を生み出すことができます。

そのプロセスでコミュニケーションの引き出しも増えていきます。

こうしたプロセスを楽しめるのは、相手を尊重して対等な関係が構築されているから。

フェアな関係をつくれる人は、周囲からの信頼も厚くなります。

一方の意見だけがいつも優先されるような夫婦関係では、夫婦のどちらも成長することはできません。


【家族がもたらしてくれるもの②】
□イーブンな夫婦関係をつくる。
□どちらか一方ではなく互いの意見を融合させる。
↓
夫婦で一緒に成長していける。

3 「本音」を炸裂させる子供たちを楽しませられるか？

息子が通っているマレーシアの小学校には、子供のお誕生日に親が学校に行く習慣があります。

親は、大きなケーキ、たくさんのおやつ、お友達に配るプチプレゼントをどっさり持参します。

日本の感覚だと「あれ？　祝ってもらうほうがプレゼント準備するの？」って不思議な気もしますが、「いつもありがとう、これからもよろしくね」というご挨拶のような感じですね。

お祝いの歌をみんなに歌ってもらい、たくさんの「おめでとう」の言葉をかけられて、自分が主役の一日を息子は思いっ切り楽しんでいました。

誕生日は子供の成長を感じる大事な日。お友達との様子を見て「お、結構、しっかりしてるじゃん」と頼もしく思ったり、生まれた日のことを思い出したり。

こういうスペシャルな日を親子で一緒に楽しめるのは嬉しいですね。

効率性や合理性が通じない相手

我が家には4人の子供がいます。上3人が男の子で四番目が女の子です。

男の子3人は全員「赤ちゃんが来る！」という経験をしました。

娘が誕生するときは、「お兄ちゃんになるんだ！」と、3人ともすごいハリキリようです。

赤ちゃんの誕生を心待ちにしていたのですが、しっかり赤ちゃん返りしました。

それも3人が3人とも。

妻が入院して家にいないと不安になるのはわかるのですが、3人の大きな赤ちゃんを一人で相手していると「しっかりしろ！　男だろ！」と思ってしまうことも多々あります。

つい口が滑ってしまったこともありますが、そうするとよけいに騒ぎが大きくなって収拾がつかない！

学習した僕は、3人の大きな赤ちゃんを全面的に受け入れると腹を決め、とことんまで付き合うことにしました。

子供は「テキトー」をすぐに見抜きます。生返事なんかしようものなら、3人がかりで糾弾してきて大騒ぎです。

しっかりと時間をつくって完全に向き合ってあげないと全く満足してくれない。効率性や合理性を優先すると子供たちは「ズル」とみなし、収まる事態も収まらなくなってしまいます。その場は収まったとしても、あとでそれは返ってきます。

でも思ったのです。これって大人の関係性でも同じだなと、と。

人間関係は効率性や合理性を求めていては上手くいかないものです。会社を長年経営するなかで痛いほどに学んできました。

当たり前のことなのですが、大人になってビジネスライクな付き合いが増えると、ちょっと忘れがちになります。とても大事なことなのに。

丁寧に向き合わず適当な対応をしていると、相手は必ず、必ず気づきます。

大人だから子供のように騒いで不満を表明しないだけで、胸の内でそっとこちらを見限っているかもしれません。

目の前にいる人にフォーカス、今にフォーカス。そうすることで、確固たる信頼関係を築いていけますね。

【家族がもたらしてくれるもの③】
□すぐにバレるテキトーな対応はしない。
□時間と手間をかけて向き合う。
←
真の信頼関係が構築される。

4 可能性を引き出すために、子供の好きなことに徹底的に付き合う

小学生から様々なスポーツを行い、30歳を超えてからマレーシアプロサッカーに復帰したこともある僕は、バリバリの体育会系です。

でも、よくある体育会系の上下関係とか、しごき、根性論は苦手。というか嫌いです。

礼儀は大事にしますが、上だから下だからということではなく、誰に対してもフラットであることを心がけています。

社員にもできる限り敬語を使いますし、呼び捨てとか、「おまえ」呼びは横暴な感じがしてイヤなので、男女関係なく「さん」「くん」づけで呼びかけます。

自分が必死でがんばるのは好きだし、ど根性の持ち主とは意気投合もしますが、それを他人に押しつけるのは違うと思っています。

ただ、時には無理強いが必要なときもあります。

トライさせて目標をクリアしたその経験からは、「達成感」を味わえます。

小さくてもいい、下駄を履かせてもらったのでもいい。一度でも「成功らしきもの」を味わえば、それは確実に次のチャレンジのモチベーションとなるのです。

依存に誘導してはいけない

しごきや根性論の怖いところは、押しつけを経由して、最終的に「依存」に行き着くことです。

押しつけの段階では反発を感じるものですが、「依存」の状態に進むと相手を尊敬し従順な姿勢へと気持ちはすっかり変わってしまいます。

依存の状態にはまってしまうと、もはや自分で考えたり決めたりすることはできなくなり、軽い洗脳状態にあると言ってもよいでしょう。

思考を完全に止めて指示待ちの状態は「依存」。

こういう社員を「従順」と重宝する経営者もいますが、それは社員を「道具」として見ているからです。

この流れが組織風土として定着している会社もありますが、実はコンサルティング現場でも横行しています。

クライアントを囲い込むため、依存状態に嵌めるコンサルタントがいるのです。

自分の実力に自信がないコンサルタントは、「意見を否定する」「不安を煽る」ことでクライアントを依存へ誘導する傾向があるので要注意です。

「人を信じる力」は捨てない

新しいプロジェクトが決まったら、プロジェクトリーダーに一任して、僕はなるべく口を出さず、どーんと構えて待ちの姿勢を貫きます（内心はヒヤヒヤしていることもあります）。

以前、プロジェクトの進行が大幅に遅れたことがありました。

物件はすでに押さえていたのに、肝心の内装工事に全く手が着けられないまま、空家賃を1年以上も払い続けることになったのです。

早い段階から「これは危ない」と僕の中の危険信号が点滅していたのですが、「こうしたらいいんだけどなあ、これはやっちゃマズいんだけどなあ」と、もどかしく思いながらも現場に乗り出しませんでした。

僕の判断に不安を訴える社員もいましたが、逆風の中でもリーダー本人は「やり遂げたい」と決死の覚悟です。

挽回のための提案も上げてきたリーダーの真剣な思いに、真剣に応えたい。

あれは、空家賃だのなんだのの問題ではなく、僕の「人を信じる力」が問われる局面だったのです。

僕は、人間は誰でもとんでもない「可能性」を持っていると信じています。きれい事でもなんでもなく、本気でそう思っています。特に才能もない僕がそうだったのだから……そう思うのです。

人の「可能性」を信じる気持ちが、圧倒的に強いのが僕だと思っています。

僕の武器のひとつ、僕が胸を張って誇れるものが「人を信じる力」なのです。

周囲のみんながＮＧを出しても、本人が本気でやると言うのなら、僕は本気で信じるし、徹底的に付き合う。

子供の可能性を伸ばすために親が心得るべき2つのこと

さて、前置きが長くなりましたが、やっとこの節のテーマ「子供には好きなことをさせる」です。

スポーツ、芸術、学問。親なら子供の可能性を伸ばしたいと思うものです。

僕も子供が「やりたい」と希望したことは、どんどんチャレンジさせるようにしています。

子供の可能性を伸ばすとき、必要なものは2つあると考えています。

きれい事抜きに、まずは「お金」。やはり資本主義社会では、金銭的な余裕は必要です。

子供の希望を金銭的な理由で叶えられない状況は、親にとっても子供にとっても本当に辛いことです。

もうひとつ必要なことは、「子供をコントロールしようとしない」ことです。

子供に試行錯誤させずショートカットでゴールさせたり、力でねじ伏せて親の言う通りに動かしたり、コントロールしようと思えばいくらでもできるでしょう。

しかし、子供の行動や思考を親がコントロールし始めると、子供は所詮、親のコントロールの範囲でしか成長ができません。

4人の子育てをしていて本当に思うこと、そして子育てをしている方は共感いただけると思うのですが、「子供はとんでもない潜在能力を持って」います。

親が「これは無理でしょう～」と思うことでも、グッと我慢して見守っていると、信じられないことを達成したりやり遂げたりします。

マレーシアの自宅から車で10分ほど行ったところに、ものすごく大きな公園があります。マンションやショッピングモールが併設されていて、遊具も豊富で立派なものばかり。その中のひとつに、太いロープが張り巡らされたジャングルジム的な巨大遊具があります。ロープをたどって上まで行けるのですが、てっぺんは6mはあろうかという高さ。

その遊具に、当時4歳の次男が挑戦しました。妻はあまりの高さに不安になって、ひっきりなしに「危ないよ、気をつけて。無理しなくていいのよ」と声をかけます。次男も母親の声でハッとし、顔を見ると不安げになり体が止まります。

一方、僕はというと「大丈夫大丈夫、できるできる」と気楽な声かけ。落下したところでネットにひっかかるから大けがにはならないだろうと踏んだからできたのですが。

これは母親と父親の違いで、どちらが正しいとかではありません。妻の気持ちもよくわかります。僕だって同じ気持ちだったのだから。

親の声かけを受けながら次男は少しずつ慎重に登り続けました。半分ほど進んだ時点で、「これはてっぺんまで行けるかも」と予感した僕は妻に耳打ちしました。

「お母さんの顔を見ると弱気になるから、ちょっと離れてみて。絶対、緊張感持ってがんばるよ」

ちょっとした賭けでした。妻は渋るかと思ったら腹をくくったのでしょう。「わかった」といい、そっと離れていきました。大きな大きな不安を飲み込んで、いざとなると母は強しです。

妻の姿が見えなくなった次男は、やっぱり少し動揺した様子。すかさず「大丈夫大丈夫、パパが見てるから。もう少しだよ〜」と、「たいしたことないよ」という雰囲気でサラッと声かけをすると、さらにグイグイと登っていきます。僕は手に汗握りながら、顔だけは余裕を装ってニコニコ。

ついに次男はてっぺんに到達しました。あのとき、てっぺんに到達した子供は他にはいません。６ｍ下の地上から見てもはっきりわかるほど自信に満ちあふれた笑顔を浮かべたのでした。

実はこのチャレンジ、長男はまだ成功していなかったので次男の喜びはひとしお。以来、体を動かすことに対して自信を持って積極的に取り組めるようになったのでした。

本当は、４歳の子供に登れるのかな。途中で降りてきたらなんて声をかけよう。落っこちても大けがはしないでくれよ……と、内心ずっとヒヤヒヤしていました。

手出し口出しせず、ストップをかけず、子供を奮い立たせると、子供は驚くほどの力を発揮してくれる。僕にとって大きな教訓となった出来事でした。

【家族がもたらしてくれるもの④】

□子供を信じる。

□手出し口出ししない。

↓

子供の可能性が引き出される。

5　異性を大切にする～「感謝」と「称賛」を贈る

僕には姉と妹がいるので、小さな頃から「女性のノリ」には慣れていました。

姉と妹は、女性に優しくしたとき・意地悪したとき、それぞれどんな未来が待っているのか、しっかり教えてくれました。


おかげで女性の扱いに慣れた男に成長し……と書くと誤解を招きそうですが、女性に対して必要以上に気を使って遠慮することもなく、気軽にコミュニケーションが取れるほうだと思います。


当然ですが男性と女性では感性が異なるところがあります。

男性に対してちょっとラフな対応をすると親近感が増すことがありますが、女性だとドン引きされる可能性も。

だからといって気を使いすぎると、それはそれで反応はよくない。

このあたりの微妙なコミュニケーションの匙加減を早くから知ることができたのは、姉と妹の指導の賜《たまもの》と感謝しています。

異質な存在と化学反応を起こす

女性が働くことは、すっかり当たり前の社会になりました。

女性起業家も増え、ファッションや美容といった女性が得意なジャンルはもちろん、不動産、情報通信、サービス業など、あらゆる分野で活躍しています。

僕自身のビジネスパートナーも今後は女性が増えるのではないかと予想していますが、当社でも社員の半分、50％は女性です。

さまざまな属性の人が集まり、それぞれの得意を発揮しながら、それぞれの価値観や考え方を提示する。異質なものを混ぜてみて化学反応を起こす。

イノベーションを生み出すためには必要なプロセスです。

ＩＴ技術の進歩は、僕たちの世界を大きく変えました。

かつては検証のために大規模な設備や長い時間が必要だったことも、バーチャルの世界で短時間でかなり正確な予想ができるようになりました。

遺伝子解析が進んだ結果、病気に対しても「治す」から「防ぐ」にシフトが始まっています。

変化を前向きに受け入れ続けることが、これからの僕たちの生き方には求められます。自分と異なる感性・思考・行動とどんどん接触することが、変化を受け入れるトレーニングとなり、そのトレーニングの結果、イノベーティブなアイデアが生まれることになります。異質な存在との間で発生する「サプライズ」に慣れ、楽しむ余裕を培っていきましょう。

異質な存在と直面したとき、反射的にマウントを取ろうとする好戦的な人もいますが、結局そこで勝ったところで、せっかくの化学反応の機会を失ってしまいます。

まさに「試合に勝って勝負に負ける」と言われる残念な状態。

自信がない人ほど勝ち負けにこだわり、白黒つけたがります。

「相手の優秀さを認める＝自分が劣っている」と思い込んでいるのか、頑なに相手を称えない人がいます。とくに身内に対して。

この場合の身内は、社員、そして家族です。家族の中でも配偶者に特別シビアな人が日本人には多い気がします。

照れもあるのでしょうが、奥さんを評価しない男性は珍しくありません。

僕は、妻への感謝や称賛は素直に伝えるようにしています。

会社でも家庭でも、そこにいる女性を大切にすると、その場の空気が明るくなり、いい雰囲気にもなると思っています。

そしてこれは、単なる僕の「気のせい」ではありませんでした。

裏づけるデータがありました（「図表4　仕事において、やりがいを感じること」参照）。

男女共にお礼や感謝の言葉をかけられるとやりがいを感じるようですが、男性よりも女性のほうがそのように感じる人が多いのです。男性も「ありがとう」と言われると、張り切りますよね。女性は一層その傾向が強いということ。

「ありがとう」の言葉に喜びを感じ、その言葉に応えようとするのが、「女性」という存在なのですね。

【家族がもたらしてくれるもの⑤】

□女性に感謝する。

□女性を素直に褒める。

↓

多様性を理解し、スムーズに受け入れられるようになる。

図表４　仕事において、やりがいを感じること

男女共にやりがいを感じるトップは「お礼や感謝の言葉をもらうこと」。

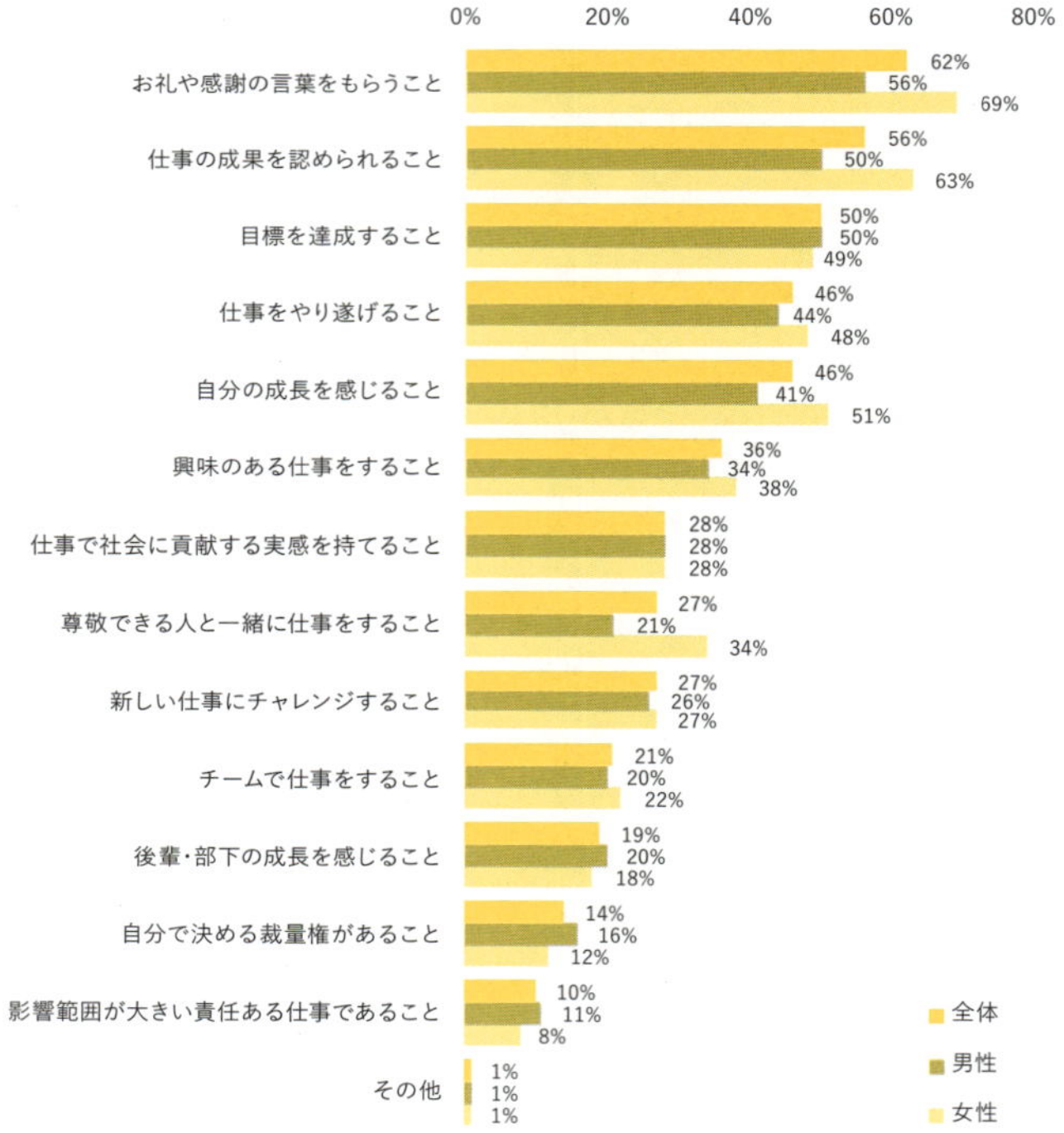

（２０１８年 エン転職「仕事のやりがいと楽しみ方」）

6 親との満たされない関係で「自己否定」を植えつけられる

「家族」という言葉でイメージするのは、どんな色ですか？

「家族」という言葉でイメージするのは、どんな手触りですか？


元気いっぱいの男子3人と生まれたばかりの娘。妻、そして僕。総勢6人のチーム石川家です。

子供たちはひとときもジッとすることなく、表情もくるくる変わります。大人の感情も大忙しで、色で表現するとしたら蛍光色？　グラデーションもあり？　と、結構悩みます。

でも、手触りは即答できます。

子供たちの柔らかいほっぺたかな。


と、暢気《のんき》なことを書きましたが、家族という言葉に、暗い色と硬く冷たい手触りをイメージする人もいます。

コンサルティングでのクライアント、セミナーの受講生の中には、優秀で人当たりもよく申し分のない人材なのに、なかなか一歩を踏み出せない方が実は結構いらっしゃいます。

言葉を選ばずに言えば、「自己評価が低い」。

でも、なぜ？

原因のひとつが「家族」にあることは珍しくありません。

ここでは家族を「負の無形資産」として抱えてしまった女性のケースを紹介します。

自分の感情をコントロールして自分の人生を取り戻す

看護師として働く30代の女性は仕事に誇りを持っていましたが、コロナ禍で医療崩壊寸前に追い込まれた現場で、ふと「なぜこの仕事をしているんだろう」という思いにとらわれます。

記憶をたどってみると高校時代に行き着きました。

看護師になることは自分の意志ではなく母の希望だったこと。母に喜んでもらいたくて一生懸命勉強したこと。母に褒めてもらいたくて、母に認めてもらいたくて、母に、母に……。

女性は旅行が好きで、コロナ前は時間を捻出しては出かけていました。

旅先の風景をぼんやり眺めていると、いつも「ここに住みたいな。自由になりたいな」という思いがよぎったそうです。全く知らない土地で生き直したいと思ったのは、自分の人生を母親から取り戻したかったからかもしれません。

ずっと母に支配されてきたという女性に、僕は問いかけました。

「○○さんはお母さんに愛されていたと思いますか？」

「……母としての愛ではないと思います」

「いえ、愛されていたか愛されていなかったか。どっちですか？」

「……愛されていませんでした。私はずっと愛してほしくて、でも叶わなかったから、執着だけが強くなって断ち切れないんです」

「お父さんには愛されていたと思いますか？」

「思いません。仕事が忙しくてあまり家にいない人だったし、彼を父親だと思って接してきませんでした」

愛されたくて母親の要求に精一杯応えても愛情を受け取ることはできず、父親は自分には無関心。

この女性は「自分は愛される価値のない人間、自分は存在価値がない人間」と思い込んで成長してしまいました。

女性が自己肯定感を得るためには、母親への執着心を断ち切らなくてはいけません。与えられない愛情を求め続けても、満たされない思いが募るだけ。満たされないのは自分のせいだと思い込み、さらに自己否定に向かってしまうのです。

愛情を得られないのはあなたの責任ではありません。あなたは1ミリだって悪くない。

そして、知っておいてほしい。

私たちには「他人の感情」はコントロールできない。

でも、自分の感情は文字通り「自分」でコントロールすることができるのです。

感情をどうコントロールするかは、自分で選べるのです。

過去は変えられない？　そんなことはありません。

今の感情を変えれば、過去の経験だってコントロールできるのです。

『今日で解決した』と自分が言えば、それで解決なのです。

いい加減な心理カウンセラーや占い師は、お金欲しさに「ゆっくり解決していきましょう」「それは呪われているから私が解いてあげましょう」と、毎週来させるように仕向けてきます。


でもあなた自身が「解決でいいんだよ」とあなたに許可を与えてあげれば、新しい人生は今このタイミングから始まるのです。始めることができるのです。それはあなた自身の「選び」なのです。

もう一度言います。

それはあなた自身の「選び」なのです。

親や兄弟といった「家族」との関係性は、大人になってもずっと引きずるものです。

でも与えられなかった愛情を、どんなに求めても空《むな》しさが募るだけ。

自分で自分を受け入れて、自分自身に愛情を注げるようになったとき、「自分の人生」を取り戻すことができるのです。

【家族という無形資産がもたらしてくれるもの⑥】

□親の感情に執着しない。

□自分の感情を選び、過去に対処する。

↓

自分に愛情を注ぎ、自己評価が高くなる。

CHAPTER 5

自分で「幸せの基準」を設定した人だけが幸せになれる

第5章

自分で「幸せの基準」を設定した人だけが幸せになれる

「幸せ」を教えてくれるのが、実は毎日の食事だったりする。

今日の気分や体調で食べたいものを選ぶ。それを食べると納得のおいしさ。幸せ。

自分の胃袋を満足させるものは、自分しかわからない。

数多のメニューから「今日はコレ」と選べるあなたは、「幸せ」のつかみ方を知っている人。

1 「幸せ」になるために、自身の人生のハンドルを握る

最後の章となるこの5章では、僕たちの「幸せ」について考えてみたいと思います。

では、最初に質問です。

イエスかノーで答えてください

――あなたは幸せですか？


シンプルな質問です。

でも、なかなか即答はできないのではないでしょうか。

この質問、自分で書いておきながらなんですが、「難しい質問だよなあ。それに、酷な質問だよなあ」と思っています。

でも、「幸せ」を考えるためには避けては通れない質問なので、「今、幸せなのか」ちょっと考えてみてください。


あなたが考えている間、この質問の「難しさ」と「酷なところ」を説明します。

この質問の「難しさ」は、「イエス」か「ノー」の二者択一なところにあります。

「まあまあ幸せ」とか「どちらかといえば不幸せ」など、自分の「今」を考えると、たいていの場合は曖昧な評価になるものです。

毎日の暮らしは、仕事、家庭、友人知人、趣味、ＳＮＳでの発信……と、複数の要素が絡み合って成り立っていて、仕事は順調だけれど子育てでは悩んでいるとか、「こっちは文句なしに幸せ基準クリアだけど、あっちはねえ」という感じではないですか？

全部引っくるめての判断は難しいですよね。

そしてもうひとつこの質問が「酷だな」と思う理由は、人によっては自分の不幸せを直視しなくてはいけないところ。

今の自分の立ち位置を「不幸せ寄り」に置いている人にとっては、厳しい質問となってしまうのです。

「どちらかと言えば不幸せと言えなくもない、かも？」と曖昧にしたいのに、「イエスかノー」で答えなくてはいけない。ある意味、不幸せを認めろと言っているような質問です。

さて、あなたの答えは出ましたか？

もしかしたら、キツい質問になってしまったかもしれませんが、意地悪をしたかったわけではありません。

実は、あなたが幸せかどうかを知りたくて質問したのでもありません。

僕が問いかけたかったのは、あなたが「自分の人生のハンドルをしっかり握っている人」なのかどうか、ということです。


「幸せですか?」の問いに対して「イエス」または「ノー」と言い切れた人。

あなたは人生のハンドルをしっかりと握り、人生をコントロールしてきた人です。

自分の意志のもとに決断し行動してきたから、「幸せ」でも「不幸せ」でも、現在をしっかり引き受けられているのです。


一方、人生を手放し運転で進んでいると、なかなか即答できない質問です。

――行き当たりばったりで、どこをどう進むかわからないままここまで来てしまった。

――親や友達、上司や先輩のナビのままに進んできた。

いつの間にか今の自分になっていて、望んだかどうかわからない生き方をしていないだろうか。


成り行き任せで生きてきて、人も羨む豊かな暮らしをしているとしても。

それって、幸せかな。

大切なことは、目の前にあるハンドルに手を伸ばし、しっかりと握ることです。目的地を設定し、ルートを検討し、他の誰でもない自分自身で決断して進んでみることです。

「幸せ」は「決断」とセットで存在するものなのです。

「不安」と「恐怖」は想像の産物でしかない

人生のペーパードライバーはやめましょう。

ハンドルに手を伸ばして、しっかり握って。

さあ、アクセルを踏んで……。

でも、あなたはなかなかアクセルを踏めない。

――事故を起こしたらどうしよう、エンジントラブルが起きたらどうしよう、煽り運転に遭ったらどうしよう……。

「不安」で胸がいっぱいで進むことができないのです。

「不安」について、ここで、ぜひ知っておいてほしいことがあります。

「不安に実態はない」のです。

「子供が私大に合格したけど、会社が倒産したら授業料が払えないなぁ」
「趣味のサークルに入りたいけど、ちゃんと通えないかも」
「自分を変えたら、キャラが違うって周囲に変に思われそう」

授業料が払えないのも、サークルに通えないのも、人から変に思われるのも、単なる想像でしかありません。

どの「不安」も現実のことではないのです。

もう一度言います。

どの「不安」も現実に起きてはいないのです。

あなたが自分でつくり出している妄想なのです。

起きてもいないことを勝手に想像して怖がって、そこから生まれるのが「不安」。
あなたの思考を混乱させ、行動を止める「不安」に実態はなかったのです。

不安は幻。

その不安は、今あなたに起きていない。

幻に惑わされずに進んでほしい。

その不安は、今あなたに起きていない。

2 豊かになるお金の使い方を覚える

ゴミ収集作業員とお笑い芸人の二刀流の滝沢秀一さん（マシンガンズ）は、「お金持ちと庶民のゴミ」について鋭い考察をしています。

住民の所得が上がるほどにゴミが少なくなる、と言うのです。

お金持ちほどたくさんの物を持っていて、それだけゴミも多く出そうですよね？

でも、実際は逆。

富裕層が住む地域はゴミの量が少なく、「自分が認めた物以外には1円も払わないぞ！」という確固たる信念が伝わってくるほどだとか。

反対に所得が低い地域は、毎度毎度、大量のゴミ。

服、１００円ショップの商品、チューハイの空き缶やタバコの吸い殻など、安い消耗品が詰まったゴミ袋を見ると「わざわざ、お金を出してゴミを買っているんだなあ」と侘《わび》しくなるそうです。

ゴミの内容ひとつ取っても、「お金持ち」は意思的にお金を使い、庶民ほど無思慮に散財していることがわかります。

うなるほどお金があれば気にせずバーッと使いそうなものですが、成功者はお金の使い方も上手。なんであれ適当な買い物はしないのです。

僕が知っている成功者の皆さんは、「お金の稼ぎ方」と同じくらい「お金の使い方」も熟考していました。

名だたる成功者にならって、僕もお金の使い方にはルールを設けています。

ルールは全部で4つあります。

ルール① お金は「健康を買う」ために使う

保存性を高めるために添加物が大量に使われている加工肉は、健康意識の高い方が避ける食品のひとつですが、おいしくて健康効果も高いビーフジャーキーを最近見つけました。

原材料はグラスフェッドビーフ、添加物は厳選された岩塩のみ。良質なタンパク質と豊富なミネラルを手軽に摂取できて保存性も高く、しかもおいしいのですから、ちょっと小腹が空いたときに食べています。

でも、ちょっと値が張ります。1パック180gで日本円にして6000円くらい。

1週間は持つので1日1000円のおやつ。

ちょっと贅沢ですよね。

でも、この1000円は健康への投資と考えれば格安です。

例えば病気の治療のために入院したら、どれくらいのお金がかかると思いますか？

入院時の1日あたりの自己負担額の平均は2万7000円！（「生活保障に関する調査」生命保険文化センター・2022年度）

1000円どころの騒ぎではありません。

「病気になってからかかるお金」に2万円払うくらいなら、健康のために1日1000円使うほうがうんとマシです。

「病気になってから後悔」したくないから、健康のための投資は惜しまない。

予防できるはずの病気になるのはイヤ。

その治療にお金をかけることももちろんイヤ。

病気を治すことにお金を使うより、健康をつくるためにお金を使いたいのです。

さらに、健康であるだけで、最大限のパフォーマンスが発揮できます。
・・・・・・・・・・・・・・・・・・・・
健康のためにお金をかけることは、自分のパフォーマンスを上げることと同義なのです。

100％当たる宝くじを毎日買っているようなものです。

ルール② お金は「時間を買う」ために使う

時給○○円で仕事をしているときは「自分の時間を切り売り」している状態なので、「自分の時間を買う」という発想はなかなかできません。

例えば、ある人の時給が1000円だと仮定します。

移動をするとしたら次のどちらを選びますか？

タクシー……1500円。ただし時間は5分。
電車………300円。けれど歩きも入れて30分。

その差は金額にして1200円。時間にして25分。

さあ、どっち？

ここでタクシーを選んでみるのです。「自分の時間（25分）を買う」のです。買った25分で差額の1200円以上の仕事をこなせば、その差額だって回収できます。それは決して無理なことではありません。

「自分の時間を買う」という発想があれば、時給1000円で1500円のタクシーに乗っても「損」をしません。浮いた25分で1200円以上の仕事をすればいいのですから。

しかし、「自分の時間を切り売り」している状態にどっぷり浸かっていると、常に自分の時給が基準となってしまいます。

何をするにしても「時給より高いか安いか」で物事を判断することになってしまうので、小銭の節約はできても大きなお金を生み出すことはできません。

今よりさらにお金を稼ぎたいですか？

もしそうならば、今の自分の時給を基準に物事を判断するのをやめましょう。

これは断言します。自分の時給にとらわれていると、一生自分の時給から抜け出せません。

そうではなく、自分が手にしたい時給を基準に物事を判断するのです。

「時給」について、ぜひ転換してほしい考え方がもうひとつあります。「時給は誰かに決められるものではなく、自分で決めるもの」であるということです。

自分が欲しい暮らし、自分が送りたい生活をイメージしてみてください。

例えば、住みたい地域、住みたい部屋を決めれば家賃がわかります。

定期的に海外旅行に行きたいのなら、その費用。

入会したいジムの会費。子供が通いたがっている習い事の月謝などなど。

全部並べれば月々に必要な金額がわかるはず。

合計額が１６０万円だと仮定して、１か月の労働時間である１６０時間（＝１日８時間×20日間）で割ると時給は1万円。

こうして導き出した金額が、あなたが自分で決めた「時給」です。


自分で決めた時給を得るために必要となるのが、先に挙げた「時間を買う」行為。

そして今すぐできる「時間を買う」行為のひとつが「家事代行」です。僕は家事代行を猛プッシュしています。ほとんどの地方自治体にはシルバー人材センターがあって、最低時給に近い金額で掃除や料理をお願いすることができるので、本当にお勧めです。

シルバー人材センターに1時間１０００円で家事をお願いする。家事に費やすはずだった「1時間」を買って、その間に時給1万円の仕事をする。

人は身銭を切ると真剣になるので、この1時間は実に濃密な1時間になるはずです。

「タダの1時間」なら、スマホで動画を見てゲラゲラ笑って過ごしても気にはならないでしょう。

でも、「１０００円で買った1時間」は違います。１０００円をドブに捨てるようなことはしたくないから、真剣に一生懸命に仕事に向き合うのです。

ルール③　お金は「経験を買う」ために使う

人間の脳は新しい経験をするとどんどん活性化します。

脳が活性化するとアイディアもあふれてくるし、新しい挑戦への意欲も湧いてきます。

ワクワクする経験に脳をさらしてみる、のです。

歌手になりたいなら、なってみればよいのです。

スタジオを借りてプロに撮影・編集を依頼し、完成した動画はYouTubeで配信してみてもいい。その体験はとてつもなくワクワクできるでしょうし、もしかしたらバズるかもしれません。

さて、子供にとっての「ワクワク」といえば、なんといっても「ゲーム」でしょう。

子供がゲームをすることには賛否がありますが、ゲームもまた「経験」のひとつと考えると一概には否定できないと僕は思っています。

とくに、これからもっとバーチャルな世界が身近になるはずで、ゲームを通じてそのような世界に慣れておくのもアリかなと、ゲームの購入を検討しているところです。

ゲームとの付き合い方を通じて、自分を律する練習も積めるかもしれません。

どれも「〜かもしれない」と、期待レベルで全く確証はないですが、親子にとって新しい経験になることは確か。

以前の僕は、確証がないことにお金は出せませんでした。

今は、「ワクワク」にお金をかけることに迷いがありません。

箱からゲーム機を出したとき、画面にゲームが映し出されたとき、コントローラーを握ったとき。勝った負けた、上手にできたと、何度も何度もワクワクがあるはずです。

ルール④　お金は「思い出を買う」ために使う

お金は未来への先行投資。それは正しい。

でも、過去を輝かせることで未来も輝きます。

僕は常々「思い出は複利。めちゃくちゃ効果的な投資ですよ！」と主張しています。

思い出への投資がどれだけ効果的か？

腹にストンと落ちる例が「交際相手とのデート」。

恋人とは何度もデートをしますよね。

デートで一緒に見た風景、一緒に聴いた曲、たくさんの会話、共有した感情。

それらはデートが終わった瞬間から「思い出」となり、「また行こうね」とＬＩＮＥしたり、一人のときに「楽しかったな」「また会いたいな」と、何度も反芻《はんすう》するものです。

一回で使った１０００円は、ものによって１０００円の価値ではないのです。振り返ることでそれは１万円、10万円、１００万円の価値をも生んでくれるのです。

ただ、「思い出」はロマンティックなだけでなく、かなりシビアな側面もあります。

とくにデートでの「思い出」のひとつひとつは、必ずしも甘いものではないはずです。

それはデートの「思い出」が、時として相手との「未来」を予測する判断材料となるから。

「付き合うにはいいけど、この金銭感覚だと結婚は不安」

「食べ方が生理的に無理……」

何度もデートを重ねれば、当然、それなりにお金がかかります。

でも、お金をかけるだけの価値はある。

これから数十年にも及ぶ長い人生、一緒に歩いて行ける人なのか？「思い出」を重ねることで、はっきり見えてくるからです。

子育てでも仕事でも手間暇かけてお金をかけて「思い出」をつくることを、疎《おろそ》かにしてはいけないと思っています。「思い出」に投資した分は、信頼や愛情といったたっぷりの利子とともに必ずリターンがあるのです。

3 「病気ではない＝健康」ではない。100％のパフォーマンスを発揮できる状態が「健康」

僕は「健康な状態」＝「病気ではない状態」とは考えていません。

僕にとっての「健康」とは、心身がベストコンディションで、100％のパフォーマンスを発揮できる状態であることだと思っています。

僕は「健康」な状態をキープするため、自分という「器」を常にクリーンな状態に保つようにしています。

食事や運動に気を配るだけでなく、身につけるもの、住空間に置く物、家電製品など、クリーンな器づくりにマイナスにならないものを選んでいます。

最近、電気自動車のテスラに車を変えました。

子供を乗せづらいので別の車も検討したのですが、家族の健康を優先してテスラに落ち着きました。

テスラにこだわったひとつの理由は、超高機能のエアコンフィルターによって外気中の有害物質を遮断してくれるから。

ＷＨＯ（世界保健機構）は大気汚染を「世界最大の単一環境健康リスク」としています。

空気中の汚れは認識しづらいので、知らない間に健康被害を受ける危険があります。

清浄な空気を確保するため、最新の技術力を取り入れるのは賢明な選択だと考えています。

自分を「病んだ状態」に追い込むもの

体が元気であれば、心も豊かになります。

肌荒れしていると外出するのはイヤですよね。オンライン会議でもカメラをちょっと遠ざけたりとか、ライトを少し暗めに設定したりとか。

自分の健康状態は誰にとっても関心事のひとつですから、「体の調子がいい」と、それだけで人生において、ひとつの大きな懸念材料が取り払われることになります。

そして仕事でも私生活でも、目の前の「やるべきこと」に専念できるのです。

体と心は常に連動しているので、心が元気なら体も元気になりますし、体が元気なら心も元気になるのです。

例えば、借金10億円を背負って金策に追われる日々を送っていると、夜は眠れず胃はキリキリするはずです。

自分がどんな条件下で病んでしまうのか知っておくことも、「健康」な状態を保つためには大切なことです。

その条件下に足を踏み入れないことが、自分の健康を守ることになりますからね。

4 「強制力」「環境」をくれる仲間と幸せをつくる

人間はよくも悪くも環境から影響を受けます。

あなたが属しているコミュニティによって、あなたの行動は加速することもあれば減速することもあるし、ストップすることだって後退することだってあります。

「行動」とはカバー範囲が広い表現ですが、例えば起業とか転職とか、現在、取り組んでいることを当てはめるとしっくりくると思います。

当てはめる行動が思いつかない方は、「行動」を「年収」に置き換えて考えてみましょう。

どんな仲間と、どんな時間を共有するかによって、あなたの年収は変わるのです。

結果を出す人には仲間がいる

コンサルティングのクライアントや、セミナーの受講生の中には、こちらの10のアドバイスを20にも30にもブーストさせるのが得意な方がいます。

とにかく結果を出すのが早い。

こういう方々には「いい仲間」がいるという共通点があります。

起業を目指して励まし合った仲間、お互いに勉強のサポートをした仲間、経営者仲間と、さまざまな仲間と情報をやりとりしています。

思考や手法の引き出しを、仲間の数だけ確実に増やしているのです。

単にいい仲間がいるコミュニティに身を置くだけでは十分ではありません。

自分の行動を加速させたいのなら、参加したコミュニティで自分の目標をオープンにしてしまうことです。

「衆人環視」の環境をつくれば、行動するための「環境設定」は万全です。

「トライアスロンを完走するぜ」

「10 kg痩せます」

目指すところを周囲に宣言すると情報が走り出して、あなたのもとに人や情報が集まってきます。

いくら心で強く念じていても、環境を変えることはできません。

でも、たった一言「日本一になる」と宣言したら、その瞬間に日本一を獲《と》りたい人たちが集まってくるし、それを応援してくれる人たちも集まってくるのです。

限界ギリギリで粘れるのも仲間がいるから

僕の仲間は、会社のスタッフたちです。

彼らには、部下であるより、僕とガチでやり合える「仲間」であってほしい。

僕が立ち上げるプロジェクトは、全部チャレンジングなものばかりです。

業界やユーザーがビックリするようなことじゃないと、僕はやる意味がないと思っているからです。

当たり前のことをやる石川を誰が見たい？

そんなつまらない人生は送りたくない。


常に変化を求めて突拍子もない挑戦を続けていると、クレージー呼ばわりされることもありますが、「クレージー」は僕にとっては褒め言葉です。

そんなクレージーに付き合ってくれる仲間は、まださらにありがたい。


仲間に対する責任があるから「もうや〜めた」と簡単に引くことはできません。

何がなんでもしがみついて、徹底的に粘って粘って、「ここまでやって失敗なら悔いはない」ぐらいに頑張る。

すると、たいていは上手くいきます。

仲間がいなければ前に進めない。

きれい事のようですが、実は本当の本当の真実です。

5 混乱の時代に惑わされず、迷わず、強く生きるために「幸せの物差し」を持つ

僕は、人の「感情の変化」を見るのが大好きです。

コンサルティングやセミナーでは、目の前の人が感情を動かしていく様子が、それこそ手に取るようにわかります。

表情が明るく、姿勢が前のめりに変わっていく様子は、僕にとって「ご馳走」そのもの。コンサルティングやセミナーのたびに「いただきます！　ごちそうさま！　ありがとう！」と、大声で言いたくなるほど。

皆さんの感情が変わる様子に、僕はこの上なく「満腹」になるのです。そういう意味で

言うと、僕はビジネスマンでもありますが、エンターテイナーであり、芸人なのかもしれません（笑）。

リアルで見ることは叶いませんが、この本を読んでくださったあなたにも、感情の変化が起きていますように。

もしそうなら、心から幸せです。

「嫉妬」が日本を後退させている

海外でもビジネスセミナーをしますが、皆さんリアクションが大きくて、こちらもテンションが上がります。

「楽しむぞ」という姿勢でいらしているので、ちょっとしたジョークでも大ウケです。

テーマパークに行って憮然としている人はいませんよね？

例えば、アメリカの聴衆は、セミナーをアトラクションにしてしまう才能があります。

日本の皆さんは、ちょっとシャイで慎重。

でも、心をこじ開けていくというプロセスが楽しめたりします。

最初は距離があるものの、一度距離が近づくとずっと付き合ってくれて、親しくなっても常に礼儀を保つところは日本人の素敵なところです。


アメリカは対人関係のベースに「リスペクト」があり、努力している人、成功した人を素直に称える文化です。

その点では本当に成熟していると思います。

さて、日本はというと、ものすごく正直に書くと「ジェラシー」の文化。

成功者を素直に称えない人も多いし、足を引っ張る人も実に多い。

称える文化も育ってきているとは思いますが、残念ながらまだまだジェラシー派が大多数だと感じています。


謙虚さ、真面目さ、思いやりの心など、当たり前に皆が持っているのが日本という国で、いろいろな国に住んだ僕は、日本人は世界一優秀な人種だと実感しています。

だからこそ一人ひとりの能力発揮をジャマする「ジェラシー」を駆逐できれば、日本には豊かで明るい未来が待っているはずだと信じています。

他人の価値観で生きる不幸

日本にジェラシーの文化がはびこっているひとつの理由は、自分の幸せの定義がわからない、あるいは決めていない人が多いからです。

もちろん「人間の幸せとは○○です！」と、僕はあなたに断言しません。

それは僕が考える「幸せ」であって、あなたにとっての「幸せ」になるとは限らないから。

でもこれだけはお伝えしたい。

「自分の幸せの物差しを持っている人は幸せである」ということです。

「隣の人がスーパーカーを買った。羨ましい。よし自分も買おう」

そんな経緯で納車されたスーパーカー。

高額なスーパーカーを購入できる経済力は天晴れ。

でも、購入したスーパーカーは隣の人の価値観の上に乗っかっているもの。

隣の人の価値観にコントロールされた車に本当に愛着が持てるでしょうか。

隣の人がＳＵＶに買い換えたら、ワゴン車に買い換えたら、その都度、追いかけるのでしょうか。

隣の人のスーパーカーや他人の成功に心が乱される人は、自分の物差しがないのです。

自分の幸せの物差しを持っている人は、ブレないし強い。

そしてその強さこそが、永続的な幸せをつくり出すのです。

6　たった1枚の紙で、幸福を噛みしめられる人生を

よく「時代が変わったな」と言いますが、これはつまり「価値観が変わったな」ということ。

さらにさらに突き詰めると「幸せのあり方が変わったな」という意味になると僕は考え

ています。

僕が生まれたのは1990年。その少し前から日本のレジャーは大きく変わったと言われています。

東京ディズニーランドの開園（1983年）によってテーマパークというジャンルが確立され、バブル景気で海外旅行が身近なものになりました。

バブル崩壊後の90年代は、消費者の視線は「外から内へ」。ガーデニングが流行し、外食から中食にシフトする消費者の増加から、デパ地下人気が高まります。

さて、2025年現在のレジャーは、キャンプやサウナなど。お手頃な価格でありながら、こだわりを満足させるレジャーが人気のようです。

最近の石川家で大ヒットだったレジャーは「紙飛行機」です。

3人の息子と僕とで、それぞれ紙飛行機をつくって「せーの」で飛ばし、一番遠くまで飛んだ人が勝ちというシンプルな勝負です。

大人の僕が勝ちそうですよね。僕もそう思っていたのですが、紙飛行機をつくるのは何十年ぶりで、現役世代（?）の息子たちに後れを取ってしまいました。

これではイカンと、紙をギュッギュッとボール状に丸めて飛ばす作戦に変更したら、もうそれは遠くに飛ばせるわけです。

子供たちは「すごい！」「ずるい～」とキャアキャア騒ぎながら、僕も僕もと真似をします。それからは紙飛行機競争から紙ボール投げ競争になっていました。

いっぱい笑い合って楽しんで、「また、やろうね」と約束したのでした。

これからの時代に幸福になれるのは、無形資産の価値に気づける人

レジャーにお金をかけようと思えば、それこそ天井知らずでかけられます。

バブルの頃なら「お金をかけてこそレジャー」だったかもしれませんが、今は違います。

全くお金のかかっていない紙飛行機……もとい、紙ボール投げで、クタクタになるまで盛り上がることもできます。

資本主義社会に生きている限り、お金に代表される有形資産なしには生きていけません。

でも、有形資産と幸せが直結すると信じ込んでいると、有形資産の量で日々幸せが左右

されてしまいます。

たった1枚の紙でも、人は心からの幸せを感じることができます。

有形資産から自由になって、無形資産で幸せになれる能力がこれからの時代に必要とされているのです。

おわりに

現代はお金に対するスタンスが二極化しています。

「お金を稼ぐことこそ正義。ガンガン稼いでいこうぜ」というAパターン。

対するBパターンは「別にお金なんかなくても幸せになれる。自給自足でいいじゃん。電気は自家発電、水は井戸を掘ればいい」。

コロナで一度世界がリセットされ、それまでの社会のあり方がひっくり返った結果、増えたのがBパターンの人。今後、Bパターンの人はますます増えていくと予想しています。

また、キャッシュレスが進んで「現金」を手にする機会が減ってきましたが、もしかしたら「お金」の定義が崩れ、「お金」そのものがなくなる時代も来るかもしれません。

Aパターン・Bパターン、お金の定義の崩壊など極端な例を挙げましたが、「お金に対する価値観」の振れ幅が大きくなることは確実で、だからこそ「お金に対する自分の価値観」をしっかり定めなくてはいけないと思うのです。

世の中がどれだけ変わろうが「お金があってもなくても幸せ」と言える人が一番強い。

これは断言します。

世の中がどれだけ変わろうが「お金があってもなくても幸せ」と言える人がイチバンつよい。

お金は大切。それは事実だ。けれどもお金に支配されてはいけない。僕は会社を立ち上げて3年で時価総額27億円という価値をつけていただいて、そのときにお金の呪縛からやっと解放されました。

お金をゴールにするのではなく、人生で何をしたいのか、世のために何ができるのかを真剣に考えました。自分が飢えていない状態になったときに初めて、自分の人生に、自分が生きる世の中に目を向けられるようになったのです。

そして僕は僕の願いを自覚しました。

――誰もが、「自分の幸せを選べる」世界になりますように。

幸せになってほしいのではありません。幸せを「選んで」ほしいのです。幸せは「選び」

だから。今いる場所で、幸せを選び、噛みしめてほしい。
自分の幸せのために必要な行動を選び決断してほしい。まだやりたいことが決まっていないなら、いろんな人に会っていろんな景色を見てほしい。あなたにはたくさんの選択肢があることに気づくはずです。あなたには無限の可能性があることにも気づくはずです。

今は本当に変化の激しい時代です。今後はさらに生きづらい世の中になっていくかもしれません。ますます世界の分断は進んでいくでしょう。
でも、僕たちは無力ではありません。自分の人生（幸福）を自分で選べるのです。権力や地位、そしてお金は絶大な力を持っているようで、実はいつひっくり返るかわからない不安定な価値しかありません。しかし無形資産に目を向けて、無形資産を蓄えていけば、どんな時代、どんな場所でも幸福を感じながら生き抜いていけるのです。

僕は他の人とは全く異なる風変わりな人生を歩んできました。大学や専門学校に進まず高卒でアウトローの巣窟、しかも完全歩合制という新聞勧誘の仕事に飛び込み、そこで得たお金でブラジルへ飛んでプロサッカー選手へ。その後、ニューヨークで多くの人から生き方の教えを受け起業を果たし、小さな成功をひとつ手にすることができました。

僕の経験が、ほんの少しでもあなたの役に立ちますように。
あなたは、幸せになれる材料を持っている。
決断する勇気、選び取る勇気を発揮してください。大丈夫。絶対に。

さて、本書の「おわりに」僕の大きな野望を、決意を込めて告白させてください。
どうせ人として生まれてきたのであれば、社会を前向きに変える人間でありたい。1人、10人、100人……1万10万1000万、10億の人が、前向きになれるような地盤をつくりたい。こんなことを言うと政治家を勧められるのですが、ビジネスマンとして一起業家としてアクションを起こしていくつもりです。ポルトガル語、スペイン語、英語と多言語を使えることを活かして世界から日本へ、日本から世界へと変革の流れを生み出したいと思っています。

人間が前向きであるためには、何はなくとも「健康」であることが必要不可欠です。食べるもの、飲むもの、体に入れるもの、体で触れるもので人間は出来上がっています。その重要性を多くの人に知ってもらうためには一から教育が必要です。知識を得た人は「体によいもの」を欲するようになるでしょうから、確実に提供できる社会基盤の整備も急務です。オーガニックや無農薬野菜の生産を応援し、薬を出すだけではなく予防を重視する医療機関を増やしていく。こうしたアクションを起こしながら、健康への人々の捉え方を大転換していくつもりです。

今の日本での医療のあり方は「マイナス前提」。「マイナスをゼロにする」ことがゴールとなっていますが、「ゼロからプラスに、そしてプラスを積み上げる社会に」していきましょう。例えば「健康」に関してもそうです。「病気ではない＝ゼロ」の状態でしかありませんが、本当の健康はプラス（可能性）を積み上げたところにあります。「心身ともに万全で自分の持っている可能性を100パーセント発揮できる状態」こそが「健康」なのです。

全ての人が本当の意味で健康でいられるように、本物のサプリメントの提供も始めました。リバースエイジング、予防医学クリニックも開院しました。今後はこのクリニックも日本各地に増やしていきたいし、ヘルスコーチの育成も加速させるつもりです。

そうそう、健康になればなるほどご褒美がもらえるアプリも開発中で、もうすぐリリースできそうです。

多角的に「健康」にアプローチし、日本の医療費を下げること。もし一人ひとりの医療費が半分になっただけでも約1200万円が生み出されます。1人、1200万円です。1200万円あれば、自宅購入時のローン負担だって非常に軽くなるはずです。もっと気持ちに余裕を持ってみんな生活を送れるはずです。些細な夫婦喧嘩だって減るはずです。これが僕が目指す最終ゴールです。そんな世界をこの目で見たいから、まずは会社を時価総額1兆円に育て上げ、そこでのキャッシュを効果的に社会変革のために使っていきたいと思っています。

途方もない目標ではありますが、僕は本気です。実現させるために猛烈に仕事をしています。

実は月に3回ぐらい「こんなに働かなくてもいいんじゃないかな」と弱気になることもあったり。でもそんなとき、パワーをチャージしてくれるのがお客様であり、従業員、家族です。

仕事の疲れやストレスでいっぱいいっぱいになったときでも、「父親」としてありのままの僕を受け入れてくれる子供たち。子供たちの母であり、常に僕にエネルギーを与えてくれる妻。「石川さんのおかげで人生変わりました」と僕に向けられる「感謝」は、そのまま妻である果歩への賛辞であるとはっきり受け止めています。

両親や兄姉妹は、僕によい環境も辛い環境も与えてくれて、確実に僕を成長させてくれました。自由で突拍子もない僕のことをたくさん心配したと思うけれど、いつも応援し、支え、励ましてくれた両親に感謝しています。

さて、本書の執筆にあたっては、家族以外にもたくさんの方々にお礼を述べねばなりません。

株式会社POSSIM、予防医療クリニック、そして関連会社のみんな。ぶっ飛んだ挑戦をしていると苦しいこともあるし、次々に壁が立ちはだかるけれども、一緒にぶち壊してくれて本当にありがとう。このまま加速を続けて日本を変えていこう！

産業能率大学出版部の坂本清隆氏、COCOLONE株式会社　岡本匡弘代表にも心からの感謝を。お二人が編集者として常に伴走してくださったおかげで書き上げることができました。

最後の最後に。この本を手に取ってくださったあなたへ。

読んでくれてありがとう。いつか、直接お会いできる日を楽しみにしています。

石川勇太

著者プロフィール

石川勇太
株式会社POSSIM Founder
4児の父、クアラルンプール在住。
「人々が生まれ持った可能性を100%引き出す」
を理念に起業家、講演家として国内外で4社の会社を経営。

22歳の頃にニューヨークへ渡り4ヶ国語を話すマルチリンガル。

（日本語、英語、ポルトガル語、スペイン語）


「日本人の突然死を半分の5万人に減らす」

「健康寿命を5年延ばす」

「国民一人当たりの年間医療費を半分にする」

「健康という「スキル」で収入を増やす人を量産する」

これらの4つを実現することに自身の全てを捧げる。


2023年には南青山にリバースエイジング・予防専門のクリニックをオープンし、「治す」から「予防」の社会を本気で実現するために挑戦中。

今後はクリニックを全国展開予定。予防医学を本気で拡げる仲間を積極採用中。


会社は3年で年商10億円を達成し、時価総額27億円に到達。現在は時価総額1兆円越えを目指している。

「THE EAT」、「年収を激変させたいなら食事を変えなさい」の著者。

書籍コーディネート：（有）インプルーブ　小山　睦男

将来が見えない時代に僕たちはどう生きるか
― 30歳で27億円企業をつくった僕の未来戦略 ―

〈検印廃止〉

著　者　石川　勇太
発行者　坂本　清隆
発行所　産業能率大学出版部
東京都世田谷区等々力6-39-15　〒158-8630
（電話）03（6432）2536
（FAX）03（6432）2537
（URL）https://www.sannopub.co.jp/
（振替口座）00100-2-112912

2025年 3 月15日　初版 1 刷発行

印刷所・製本所　日経印刷

（落丁・乱丁はお取り替えいたします）
ISBN 978-4-382-15859-7